A guerra invisível de
Oswald de Andrade

Mariano Marovatto

A guerra invisível de Oswald de Andrade

todavia

À sua inexpugnável desobediência 7

1. A insônia internacional 13
2. O homem do povo 22
3. Banho de sol 41
4. A guerra invisível 69
5. Hipócritas, recalcados e tímidos 84
6. Um homem impressionado 109

Uma gargalhada trágica 117

Notas 121
Referências bibliográficas 129

À sua inexpugnável desobediência

O ano de 1939 costuma passar quase em brancas nuvens quando revisitamos a insubmissa trajetória de Oswald de Andrade. Período desprovido de publicações de fôlego, distante uma década do ápice da Antropofagia e, na esfera pública, o menos combativo da fase comunista do escritor, o 1939 de Oswald também deve muito do seu obscurecimento ao terror coletivo instaurado pelo início da Segunda Guerra Mundial. Mas não só.

O motivo principal dessa desmemória jaz no fato de que Oswald de Andrade reafirmou a sua inexpugnável desobediência de diversas formas ao longo de sua trajetória. Tal característica, ao mesmo tempo que o transformou nos últimos anos de vida no prógono mais solitário de 1922, foi-lhe útil postumamente para convertê-lo no mais extraordinário intelectual da vanguarda brasileira dos últimos cem anos. No entanto, essa afirmação de vida pela chave da rebeldia e do improvável se refletiu diretamente na forma "fragmentária e quase caótica"[1] como ele se dedicou ao seu patrimônio documental, como bem apontou Jorge Schwartz ao reunir a *Obra incompleta* do escritor. Ainda segundo Schwartz, não fosse o esforço de pesquisadores, biógrafos, críticos, editores e demais estudiosos em manter em circulação o cerne da obra de Oswald, ela ainda estaria no limbo em que foi depositada logo após a sua morte, em 1954.[2]

Mas, como dito, o período que cobre este *A guerra invisível* é alheio a tal cerne. Trata-se de um ponto de inflexão na trajetória de Oswald, situado entre a publicação de *O rei da vela* (1937) e a construção de *A revolução melancólica* (1943). A fim de perseguir e entender o transcurso intelectual do escritor nesse hiato aparentemente desinteressante entre duas grandes obras, deparei-me com a imensa quantidade e diversidade de interlocutores com quem Oswald lidava fora do âmbito de São Paulo. Decidi, portanto, reconstruir os bastidores de uma época, tendo o autor de *Serafim Ponte Grande* como guia dessa imensa paisagem cultural e intelectual.

Num ano em que mal circulou pela cidade onde nasceu, Oswald de Andrade se valeu de sua tentacular rede de contatos para sobreviver e se disseminar em contextos alienígenas ao seu. É em 1939 que o autor de *Pau-Brasil* vive a sua aventura carioca. Valendo-se dos títulos de "papa do modernismo" e de escritor "obcecado pelo credo vermelho", Oswald demarca rapidamente o seu território no concorrido espaço intelectual da capital da República. Múltiplo, faz-se protagonista da roda dos romancistas da Livraria José Olympio e dos associados do PEN Clube do Brasil, mestre entre a geração de novos escritores, antagonista de Mário de Andrade, que vivia na cidade desde 1938, e presente diariamente na grande imprensa carioca.

Como se não bastasse, ainda no mesmo ano, do cais da praça Mauá, Oswald embarcaria em sua última viagem internacional. Pelas razões do acaso, acabaria por testemunhar o estopim da Segunda Guerra Mundial ao atravessar Inglaterra, França, Espanha e Portugal: uma sinistra prerrogativa de que nenhum outro autor brasileiro de mesma envergadura pôde usufruir.

A sucessão de eventos inesperados em escala pessoal e mundial, mesmo que interrompendo a trabalhosa composição de *Marco zero*, acabaria estimulando um aspecto fundamental do pensamento do escritor: a sua "intuição penetrante", como diz Benedito Nunes. Disposta de forma fragmentária por conta da velocidade dos acontecimentos, tal intuição, como se verá, nos dá a medida de sua perspicácia intelectual, principal responsável por situá-lo constantemente na vanguarda de seu tempo.

A quantidade de logradouros e de nomes ilustres com os quais Oswald cruzou em 1939 é espantosa. Tão espantosa quanto a sua capacidade de interlocução, circulação e reinvenção, mesmo à beira dos cinquenta anos, destituído de dinheiro e distante dos principais personagens que, junto com ele, criaram o modernismo de 1922. Antes que o narrador do filme *Casablanca* pudesse afirmar ao mundo que a cidade neutra de Lisboa havia se tornado o ponto de embarque possível para os refugiados da guerra na Europa em direção à "liberdade das Américas", Oswald já havia provado que também nesse aspecto estava na vanguarda. Foi a "primeira vítima da guerra", conforme afirmou o *Diário de Lisboa*. Inaugurou a chegada dos refugiados e viu surgir os primeiros "quinta-colunistas" que, em breve, entortariam a rotina da capital portuguesa, "paraíso claro e triste" de uma Europa em guerra, como definiu Antoine de Saint-Exupéry, que também por lá passaria.

Para descortinar o insuspeito ano de 1939 neste ensaio, vali-me não só de fontes primárias e de uma extensa bibliografia — que, como se verá, constantemente direcionam e verificam o percurso deste livro —, mas, também, em grande parte do testemunho escrito de Oswald e de seus interlocutores. Levando em consideração que a autoficcionalização de sua biografia foi notável e constante, tanto em seus vários depoimentos como na sua escrita memorialística, fez-se necessário o cotejamento de muitos dos episódios contados aqui, a partir da memória de outros nomes. Afinal, foram muitos os que, percebendo o ponto de viragem da história mundial, puseram no papel o que testemunhavam dia a dia, hora a hora. De Lindolfo Collor a Virginia Woolf, muita gente presenciou e anotou as mesmas cenas que Oswald de Andrade teria contado ao seu extraviado caderno de notas da guerra e, posteriormente, aos leitores de suas crônicas e artigos.

Por fim, espero que este misto de ensaio, reportagem e episódio biográfico, publicado pouco depois do centenário da Semana de Arte Moderna de São Paulo, contribua para o exercício salutar de complexificação e sofisticação da obra e trajetória de grandes nomes da cultura e do pensamento brasileiro para além dos seus capítulos frequentemente repisados. Hoje, diante da urgência de reerguer a cultura e a memória do país, após o desejo confesso de sua aniquilação por parte de um derrotado e ignaro governo que atendia às funestas imposições da agenda neoliberal na era do colapso ambiental, faz-se necessário também investigar as nuances empoeiradas, esmiuçar pontos oblíquos ainda não visitados de autores que, mesmo depois de atravessarem décadas e séculos, seguem respondendo às questões mais urgentes da complexa e contraditória cultura brasileira.

Ao longo da escrita do livro vali-me regularmente dos principais arquivos literários públicos que mantêm manuscritos, recortes e outros documentos relativos ou de autoria de Oswald de Andrade. São eles: a Coleção Digital de Jornais e Revistas da Biblioteca Nacional, o Arquivo-Museu de Literatura Brasileira da Fundação Casa de Rui Barbosa, o Centro de Documentação Cultural Alexandre Eulálio da Universidade Estadual de Campinas, e o Instituto de Estudos Brasileiros da Universidade de São Paulo. Foi no IEB que o designer Celso Longo encontrou a fotografia da insólita pintura feita por Oswald que estampa a capa do livro. Diferentemente do muralismo que inspirou os romances de *Marco zero*, o impacto do quadro à primeira vista surpreende pela sua perspectiva onírica, bastante livre, que registra a aventura vivida pelo escritor na Europa no primeiro mês da Segunda Guerra Mundial. Por fim, foi fundamental para a existência deste texto o apoio, paciência e leitura de Alice Sant'Anna, Anastasia Lukovnikova, André Capilé, Domingos Guimaraens, Fred Coelho, Julia de Souza, Laura Liuzzi, Leandro Sarmatz, Leonardo Gandolfi, Lucas van Hombeeck, Mariana Patrício Fernandes e Marília Garcia. Meu profundo agradecimento pelo carinho e generosidade de todos, e, principalmente, a Pollyana Quintella — parceira desta viagem.

I.
A insônia internacional

Nos últimos meses de 1938, Oswald de Andrade costumava contar aos mais próximos uma anedota sobre um sujeito que sofria de um mal contemporâneo chamado "insônia internacional". O cidadão vivia sozinho num quarto alugado, não tinha bens nem família, não devia dinheiro a agiotas nem pensão para ex-mulheres, ou satisfação para quem quer que fosse. Era um zé-ninguém, ou, como se dizia à época, um "pobre-diabo das ruas"; levava uma vida pacata, medíocre e livre de maiores complicações psicológicas. Dessa forma, como poucos nessa vida, supunha-se que teria ele o "melhor sono da Terra". Porém, o homem não dormia. Ao se deitar no final do dia, experimentava uma ansiedade gigantesca e totalmente alheia à sua rotina. O espectro que o assombrava vinha de fora: era o mundo em convulsão que o mantinha desperto noites a fio.

A tomada do poder pelo fascismo na Itália e pelo nazismo na Alemanha, regimes que poucos meses antes eram saudados por vozes liberais do Ocidente, punha a paz mundial em xeque. Desde a Grande Depressão, novos conflitos armados, movidos por forças totalitárias, irrompiam a intervalos cada vez mais curtos. O Japão invadira a Manchúria no início da década, a Itália de Mussolini bombardeara e fizera uso do temido gás mostarda na Etiópia em 1935 e, no ano seguinte, ao lado da Alemanha, abastecera com soldados e armamentos o Exército de Franco na Guerra Civil Espanhola. Algo pior do que a crise de 1929 estava por acontecer, o insone tinha certeza. A invasão de Hitler à Áustria no começo de 1938, conjecturava ele, seria mais um passo da expansão territorial nazista, que agora, em setembro, estava prestes a tomar a região dos sudetos, minoria alemã que nos dez anos anteriores, por conta do Tratado de Versalhes, vivia sob o governo da recém-criada República da Tchecoslováquia.

Desde maio, Adolf Hitler vinha fazendo uma série de ameaças contra a posse tcheca da região. Neville Chamberlain, então primeiro-ministro inglês, viajou uma primeira vez até Munique, onde se encontrou com o chefe de Estado alemão. Após a reunião, o condescendente Chamberlain, a fim de evitar mais um conflito no continente que vivia os estertores da Guerra Civil Espanhola, recomendou ao presidente tcheco Edvard Beneš que aceitasse a proposta de entregar a metade do território dos sudetos à Alemanha. O governo de Praga aceitou a exigência, mas poucos dias depois Hitler impôs novas medidas; exigiu que os territórios de minorias húngaras, turcas e polonesas sob o poder da Tchecoslováquia fossem também desmembrados e determinou um ultimato: caso não fosse ouvido, invadiria o país no dia 1º de outubro. França e Inglaterra, convencidas de que o conflito era iminente, puseram suas tropas de prontidão, ao passo que Hitler, ardiloso, reconsiderava se essa seria sua última reivindicação territorial na Europa. O homem insone recalculava prognósticos sobre o futuro. Realocava as potências que poderiam sair vitoriosas e as que seriam desgraçadas em um conflito próximo. No dia 29 de setembro, as representações diplomáticas de Inglaterra, França, Itália e Alemanha se encontraram em Munique para um acordo final. Chamberlain e Édouard Daladier aceitaram as imposições de Hitler, apoiado por Mussolini. Com vinte anos incompletos, a Tchecoslováquia foi então retalhada e o governo de Beneš, dissolvido. Chamberlain, tendo em mãos um documento manuscrito, por ele redigido e assinado pelo Führer, que garantiria a paz na Europa, retorna a Londres, onde é saudado em carro aberto pela população nas ruas.

Não é improvável que Oswald, a cada vez que contava a história, inserisse os novos detalhes que surgiam dia após dia com as tensões do Acordo de Munique. Os amigos riam, mas inquietos: afinal, o insone não sofria sem razão. Os paliativos contra a Alemanha sustentados no Tratado de Versalhes ao final da Primeira Guerra Mundial continuavam a gerar mais desforra do que paz. A empáfia dos vencedores de 1918 em privar os alemães de seu grande exército, amputar parte do seu território e, consequentemente, de seu orgulho nacionalista, numa tentativa inconclusa de transformar o país em pária menor do continente europeu, não subjugou o inimigo, pelo contrário: criou o ambiente ideal para que o ovo da serpente fosse chocado.

O insone descrito por Oswald era claramente antifascista. Revirava-se na cama ao imaginar a população famélica da Espanha, desamparada pelas democracias vizinhas, enquanto o Movimento Nacional de Franco aniquilava os voluntários das Brigadas Internacionais. Evocava de olhos fechados o terror dos milhares de soldados chineses na cidade de Hankou sob o ataque aéreo japonês. De acordo com Genolino Amado, um dos que ouviram a anedota, dizia Oswald: "Dormem Daladier, Hitler, Beneš, Chamberlain e o desgraçado não dorme! É a sentinela esquecida do mundo".[1] Ao final da história, não ficava claro para a plateia se o homem insone era de fato conhecido de alguém, até o momento em que o escritor paulista revelasse enfim que o anônimo era um dos seus personagens, parte da multidão que ele vinha rascunhando para o futuro ciclo de romances que se chamaria *Marco zero*.

A cobertura da crise tcheca foi feita de maneira ostensiva pela imprensa mundial, principalmente pelo rádio. Os avanços de Franco e Hitler e o acuamento de Chamberlain e Daladier chegavam todos os dias aos lares brasileiros. Naquela altura, praticamente uma década antes da chegada da televisão ao país, o rádio era o modo mais comum, barato e efetivo de o cidadão comum consumir entretenimento e notícias. Conforme descreveu Nenê Alcântara no *Diário Carioca*, "se o rádio estiver na sala de visitas, ali também estarão os habitantes da casa. Mude-se o aparelho para a sala de jantar e tanto os moradores como as próprias visitas ali estarão ao seu redor. Sem o rádio ninguém mais passa".[2] Diariamente, às vinte horas na Rádio Nacional, a *Hora do Brasil*, criada pelo Departamento Nacional de Propaganda (DNP) do Estado Novo, reunia as notícias vindas da Europa. Em paralelo, na Rádio Tupi, o boletim *A Nota Internacional*, às 19h25, também cumpria esse papel. No mesmo período, nos Estados Unidos, restabelecidos economicamente pelo New Deal, de Franklin Delano Roosevelt, houve um notável aumento de 40% nas vendas de aparelhos de rádio. Lá, nenhuma rede se beneficiou mais com o gosto repentino do público pela transmissão de notícias do que a CBS,[3] onde por acaso também trabalhava um jovem ator e dramaturgo chamado Orson Welles.

Curiosamente, pouco tempo depois da criação do "homem da insônia internacional", no dia 30 de outubro, domingo véspera do Halloween, Welles quase conseguiu transmutar em realidade a ansiedade que tomava conta do mundo. Aos 23 anos, o então *golden boy* do teatro nova-iorquino, acompanhado de sua companhia The Mercury Theater on the Air, interpretou na rádio uma adaptação de *A guerra dos mundos*, de H. G. Wells. Copiando o mais fielmente possível o estilo dos boletins da própria CBS que interrompiam a programação com as notícias de Hitler, Welles conseguiu dar à suposta invasão marciana um imediatismo catastrófico. Para deixar tudo mais crível, ele e o roteirista Howard Koch tiveram o cuidado de substituir por locais estadunidenses os topônimos originais da narrativa do romancista inglês. Ouvintes que sintonizaram seus aparelhos de rádio no meio da transmissão tomaram a representação dos atores a sério e se instalou nos Estados Unidos uma "onda de histeria coletiva", conforme afirmou o *New York Times* no dia seguinte. O evento foi noticiado pelo mundo afora e, esclarecido o quiproquó, Welles se consagraria como o novo grande gênio da dramaturgia moderna norte-americana. No Brasil, o *Correio da Manhã* trazia as seguintes linhas: "Hitler há um mês teve o mundo cheio de medo aos seus pés... Mas, Hitler tinha um exército e uma porção de coisas mais. Orson Welles conseguiu só com o poder da sua voz, pelo rádio, amedrontar todos os Estados Unidos, causando um pânico indescritível!". E acrescentou: "Um caso que veio provar de uma vez por todas o extraordinário poder do rádio. Provou também como é fácil sugestionar as multidões. E finalmente, (esta é a parte mais cruel da história...) trouxe uma luz intensa sobre a ignorância do povo [...]".[4]

Faltou ao jornal carioca juntar as pontas e perceber que o rádio era também de fato o principal veículo de propaganda do nacional-socialismo, tendo à frente a *espantosa* performance vocal de Adolf Hitler. Desde o infame *Mein Kampf*, o chefe de Estado alemão já enfatizava explicitamente a importância da propaganda não apenas como mantenedora da paz, mas crucial em qualquer guerra futura. Em meados da década de 1930, graças à principal estação de rádio alemã, a Deutschlandsender, os nazistas conseguiram penetrar na rotina da população e moldar o seu ponto de vista com uma série de programas que pautavam desde projetos de reforma social à cobertura de notícias, música, cultura, educação e, por fim, e não menos importante, a demonização de inimigos. Estima-se que o governo alemão empregou mais de 20 mil pessoas em estações locais, nacionais, internacionais e clandestinas, que produziam propaganda nazista pelo rádio e a distribuíam por todos os continentes, em dezenas de línguas diferentes.[5]

Em dezembro de 1938, numa tentativa de compreender a insólita e carismática performance radiofônica de Hitler, um experimento científico feito nos Estados Unidos mostrava que as palavras do Führer levavam os seus ouvintes a um "estado de submissão à beira do hipnotismo". O seu autor, o cientista M. D. Steer, professor da Universidade Purdue, resolveu comparar Hitler discursando à arenga dos demais chefes de Estado europeus durante a crise tcheca. Percebeu então que o desenho das ondas sonoras da voz de Hitler apresentava um zigue-zague ascendente que alcançava anormais 228 vibrações por segundo. De acordo com o cientista: "Quando as pessoas falam assim, torna-se óbvio que a emoção, em vez da mente, dirige o que estão dizendo, chegando a uma condição que beira a histeria durante a sua fala".[6] Depois do surgimento da voz sinistra e esganiçada de Hitler convocando a catástrofe mundial, nada poderia soar impossível pelas ondas radiofônicas, nem mesmo uma invasão marciana em plena Nova York.

Oswald de Andrade, como qualquer cidadão brasileiro, era assíduo ouvinte de rádio. Gostava de sintonizar a antiga Rádio Cultura de São Paulo para ouvir a crônica urbana de Sangirardi Jr. durante a *Hora Mágica*. O mesmo radialista mantinha na emissora outro breve e elogiado programa de entrevistas chamado *Cartazes do Mundo*, para o qual, em um belo dia de 1938, Oswald foi convidado para conversar. Essa efêmera atuação não fez o escritor levar em consideração o rádio enquanto plataforma que pudesse servir aos seus interesses artísticos, intelectuais e ideológicos. Oswald naquele momento estava imerso na composição de *Marco zero*, tendo de lidar com multidões, cenários e episódios bastante numerosos e que ocupavam um grande espaço não só mental, mas também físico, dada a enorme quantidade de cadernos relativos ao projeto que ele já havia preenchido. Ao mesmo tempo, por outros motivos, ele não retornaria a uma escrita dramatúrgica, como a das peças de teatro às quais dedicou a parte central da década. Errático, ele se propunha um desafio inédito: escrever para o cinema.

Ainda em outubro, o número 4 da *Revista do Brasil* publicava "Perigo Negro", com o subtítulo "Filme extraído do romance cíclico paulista *Marco zero*". Ao longo de 34 páginas subdivididas em quatro colunas ("luz-ambiente-letreiros", "ação", "diálogo" e "som"), Oswald trazia uma história derivada de um núcleo de personagens de *Marco zero* em formato de roteiro de curta-metragem para o cinema. O script se desenvolve em torno da ascensão e derrocada do jogador de futebol Genuca, vulgo Perigo Negro, apelido claramente inspirado em Leônidas da Silva, conhecido como Diamante Negro, o maior astro do futebol brasileiro de então, na ordem do dia por conta do Mundial ocorrido naquele ano, na França. É possível que, juntamente com a ascensão de Adolf Hitler e a morte de Lampião, o futebol de Leônidas da Silva tenha sido o fato mais comentado do rádio brasileiro em 1938. A cobertura do campeonato de futebol foi o grande acontecimento esportivo do ano. Os cinco jogos disputados pela seleção foram transmitidos graças à cadeia de emissoras Byington, da qual faziam parte as rádios Cruzeiro do Sul do Rio e de São Paulo, que enviou especialmente para a França o locutor Leonardo Gagliano Neto para narrar as partidas do Brasil. O time de Leônidas obteve sua melhor performance entre os três Mundiais realizados até então. Se não fosse a derrota para a Squadra Azzurra italiana nas semifinais, jogo de que Diamante Negro não participou por conta de uma contusão, o Brasil teria chegado à grande final e, dada a sua qualidade técnica, poderia ter se sagrado campeão.[7]

O personagem de Genuca apareceria ainda criança em *Revolução melancólica*, primeiro volume de *Marco zero*, publicado em 1943, e depois, adolescente, jogando futebol amador no Rio de Janeiro em *Chão*, volume seguinte, de 1945. O desenvolvimento de Genuca ao longo do ciclo romanesco oswaldiano sugere que os acontecimentos do roteiro de "Perigo Negro" estariam provavelmente situados no enredo de *O caminho de Hollywood*, nome do quarto livro de *Marco zero* nunca terminado por Oswald, mas que, de acordo com o crítico Antonio Celso Ferreira, seguiria "os passos mitômanos da época do cinema falado, do rádio e do futebol" dos finais da década de 1930.

A primeira evidência do que viria a ser *Marco zero* surgiu para o público em 1934, na primeira edição de *A escada vermelha*, parte final da trilogia *Os condenados*. Logo antes da folha de rosto, vinham listadas as seguintes futuras obras ficcionais de Oswald: *Beco do escarro*, *Café* e *Frigorífico*. O material desses livros foi se agigantando com o passar do tempo e o escritor entendeu que o seu ciclo de romances precisaria de uma reordenação. No ano seguinte o mensário *Boletim de Ariel* publicava o primeiro fragmento do anunciado *Beco do escarro*, chamado "Duas criações da cidade americana". Em 1936, o *Diário de Notícias* trazia numa pequena nota, pela primeira vez, o nome de batismo do projeto e uma nova aferição dos livros: "Chamar-se-á *Marco zero* a nova obra do sr. Oswald de Andrade: uma série de cinco volumes sobre tipos e cenas da vida paulista".[8] Conforme as atualizações do plano da obra, o título *Beco do escarro*, planejado anteriormente como o primeiro volume da série, se manteve até o final do processo de criação de *Marco zero*, mas nunca seria finalizado pelo escritor. Já *Café* e *Frigorífico* deram lugar a outros possíveis títulos que surgiam, como *Planalto*, que depois se tornaria *A revolução melancólica*, e *Os latifundiários em armas*, rebatizado de *Chão*. *Os caminhos de Hollywood* e *A presença do mar*, assim como o *Beco do escarro*, prevaleceram ao longo dos anos de escrita de *Marco zero* enquanto títulos vindouros, mas foram gradativamente abandonados nas décadas seguintes por um Oswald extenuado com o gigantismo do projeto que propusera a si mesmo no auge de seu furor comunista.

Até o início de 1939, Oswald já havia publicado dois outros trechos de *Marco zero* na imprensa. O primeiro, "A vocação", foi impresso em abril na famosa revista *O Cruzeiro*. Situado no inacabado *A presença do mar*, "A vocação" gira em torno de Maria Helena, personagem que tem alguma relação afetiva com Lucas Klag, também conhecido como Jango da Formosa, protagonista recorrente em *A revolução melancólica* e *Chão*. Maria Helena jamais voltaria a aparecer nos textos de *Marco zero*, seja em livro, seja em periódico. Depois, em maio, foi a vez de o mensário literário *Boletim de Ariel* publicar o fragmento "Natal no arranha-céu". Aqui, em trecho mais conciso do que "A vocação", Oswald apresenta uma profusão de personagens, alguns deles presentes nos livros publicados do ciclo, como o tenente Magnólia e o russo Mikael. Tanto em "Natal no arranha-céu" como em "A vocação" e "Perigo Negro", não há qualquer menção ao personagem do homem insone. A sua inexistência atravessa os anos e ele também não estará presente nos outros cinco trechos avulsos de *Marco zero* publicados na imprensa ao longo dos anos, muito menos em *A revolução melancólica* ou em *Chão*. Talvez ele fosse transformado em herói do inacabado *Beco do escarro*, terceiro volume do ciclo no qual Oswald daria voz aos "vadios e boêmios fracassados, heróis do biscate, mitômanos do lucro, artistas incompreendidos",[9] entre outros solitários de São Paulo. Ao que parece, no entanto, as preocupações internacionais do homem pervígil acabaram diluídas nas crônicas e artigos escritos por Oswald nos meses que antecederam a Segunda Guerra Mundial.

2.
O homem do povo

Ao final da década de 1920, um emaranhado de acontecimentos transformou de modo radical a trajetória do autor de *O rei da vela*. A sua atuação na *Revista de Antropofagia*, "lancinante divisor de águas"[1] do modernismo, serviu para Oswald como o estopim esperado ou — menos provável — como tragédia fortuita, dada a fúria apoteótica do empreendimento. A Antropofagia apostou na repugnância e no escândalo que um conceito estético e filosófico baseado no canibalismo traria à baila para se promover enquanto afirmação definidora e definitiva da cultura brasileira. O seu "Manifesto Antropófago" (pedra de toque do movimento, publicado no primeiro número da revista) propunha um passo além de *Pau-Brasil* em nova investida modernista pela superação do "atraso brasileiro" para a conquista de sua "autonomia intelectual".[2] Se antes Oswald propunha a "poesia de exportação contra a ideia de que apenas importávamos a cultura europeia", com a Antropofagia "o que resultava da absorção desses modelos era um produto original".[3]

O empreendimento tomou Oswald como um vírus, o "sarampão antropofágico", que redobrou a força de sua prática polemista. Utilizando o humor do "boêmio" (então identificado como a antítese do "burguês"), baralhando anedota com notícia,[4] valendo-se do trocadilho, da paródia e de "intuições penetrantes",[5] Oswald criava um curto-circuito no silogismo de seus inimigos, frustrando-os e vencendo-os. Porém, alguns de seus textos impiedosos publicados na revista foram endereçados aos seus pares mais representativos que preferiam não se entregar completamente ao vírus antropofágico. Oswald, insatisfeito, não teve dó em atirar na própria fileira.

Mário de Andrade já desconfiava da voragem do projeto de Oswald. Achava-a desproporcional. Aceitou publicar o trecho inicial de *Macunaíma* no segundo número, participou com frequência ao longo das primeiras dez edições, mas tinha receio, conforme confidenciou a Geraldo Ferraz: "O Oswald lançou o movimento em continuidade à Semana de Arte Moderna. Eu aceitei para manter o aplomb. Penso que já passou o tempo de destruição do modernismo brasileiro. Agora é hora de construir, para que Antropofagia?".[6] A hecatombe anunciada viria na "segunda dentição" da *Revista de Antropofagia* — publicada entre março e agosto de 1929 no *Diário de São Paulo* —, a qual Augusto de Campos chamaria de "terrorismo literário" numa "página explosiva" de jornal. Nesse período foram nominalmente atacados por Oswald: Ribeiro Couto, Paulo Prado, Cassiano Ricardo, Carlos Drummond de Andrade, Antônio Alcântara Machado, Blaise Cendrars (este de forma indireta), entre outros. A grande maioria, percebendo-se sem saída diplomática possível, acabou por cortar relações com o escritor. Entre todos os ataques, os direcionados a Mário eram os mais frequentes, com requintes misóginos, homofóbicos e até racistas.[7] Sem responder às ofensas, Mário rompe definitivamente com o seu principal interlocutor do modernismo. Pouco tempo depois, o romance de Oswald com Patrícia Galvão, a Pagu, iniciado em maio, ganha proporções incontornáveis. Atendendo às reclamações de leitores do jornal, a *Revista de Antropofagia* chega ao fim em agosto. Dali a dois meses, ocorre a quebra da Bolsa de Nova York. A falência do sistema financeiro internacional promove a derrocada da política cafeeira do Brasil. Tarsila do Amaral e Oswald, juntos desde 1923, se separam definitivamente em dezembro. Em abril de 1930, o escritor oficializa sua relação com Pagu. A amiga e mecenas do modernismo Olívia Guedes Penteado, tomando as dores de Tarsila num gesto de grande teor simbólico, literalmente fecha as portas de sua mansão para o casal. Com a revolução de outubro, Getúlio Vargas assume o poder. Por fim, arruinada a engrenagem que havia criado, responsável por mover a um só tempo seus recursos financeiros, seu casamento e seu projeto modernista, Oswald é impelido a dar início a um novo capítulo de sua vida aos 39 anos.

Em 1931, um encontro com Luís Carlos Prestes no Uruguai marca esse ressurgimento. "Conversei com ele três noites a fio nos cafés de Montevidéu. E desde aí toda a minha vida intelectual se transformou. Encerrei com prazer o período do modernismo." Utilizando-se do episódio enquanto mito biográfico, Oswald afirma que a partir dali a sua obra estaria a serviço da causa do proletariado "que Prestes encarnava". Distanciando-se dos postulados que entabulou em nome do modernismo, o escritor percebe "um caminho de tarefas mais úteis e mais claras" a ser tomado.[8] A escalada do nazifascismo intensifica sua convicção. O papel de Pagu é preponderante, conforme Oswald confessa de forma escamoteada nas últimas páginas do supracitado *A escada vermelha*, publicado em 1934: "Pela primeira vez alguém lhe quebrara as hipnoses ancestrais. [...] Fora preciso uma mulher para fazê-lo mudar, descobrir caminhos revolucionários".[9] Na política brasileira, Oswald assume sua aversão por Getúlio Vargas e principalmente por Plínio Salgado, que encarna o seu extremo oposto. Sobre a querela com Getúlio, de acordo com Lívio Xavier, o desgosto tinha um fundo de recalque. Oswald, ainda em 1929, nutria interesses políticos na candidatura do seu então amigo Júlio Prestes à Presidência da República. Íntimo dos líderes do Partido Republicano Paulista e entusiasta do partido tradicionalmente ligado à sua família, o escritor "conciliava sua revolução literária particular com a ilusão de participar da coisa pública e do governo federal no próximo quadriênio".[10] Como se sabe, por conta do rearranjo oligárquico da insurreição de outubro, Júlio Prestes foi defenestrado do cargo de presidente eleito antes de poder assumi-lo. Diferentemente da enorme vaga de escritores modernistas a partir de então, Oswald jamais conseguiria formalizar uma relação de trabalho com o poder público.

Já Plínio Salgado era o inimigo mais factível: assim como Oswald, ele saltaria da guerra modernista para o campo da ação política antigovernista, porém com mais sucesso. Ainda em 1931, criaria o jornal *A Razão*, cujos desdobramentos dariam origem, um ano depois, à Ação Integralista Brasileira. Do outro lado da trincheira, Oswald fundaria *O Homem do Povo*. Junto a Pagu, Astrojildo Pereira, Geraldo Ferraz, Flávio de Carvalho, Antonio Candeias Duarte, Galeão Coutinho e "uma galeria gaiata de colaboradores anônimos"[11] inventada pelo próprio Oswald, o jornal aplicaria a fórmula polemista da *Revista de Antropofagia* ao palco da política. Implacável com todo o espectro reacionário, o periódico rende (além de novos inimigos) apenas dezoito números e encerra suas atividades compulsoriamente. Oswald fica ainda mais isolado. De acordo com Flávio de Carvalho, um dos poucos com quem não brigou, o escritor havia sido "cortado e barrado por toda a hierarquia social. Não tinha mais amigos. Os jornais não aceitavam as suas crônicas".[12] Embora combalido, Oswald seguiu convicto. Em 1933 renova seus votos ideológicos ao escrever o prefácio de seu mais novo romance, *Serafim Ponte Grande*. Nele, expurga-se do modernismo expondo nominalmente Mário de Andrade e Blaise Cendrars enquanto seus inimigos.

O modernismo dos anos 1930 se apresentava distinto daquele que Oswald havia criado anos antes. Porém, mesmo isolado, o escritor não pretendia abrir mão do seu espaço de protagonista e almejava se manter como "a figura mais característica e dinâmica do movimento".[13] A década começaria com a "normalização" dos avanços promovidos pela Semana de 22, que, antes restritos, seriam ampliados concomitante à "tomada de consciência ideológica de intelectuais e artistas, numa radicalização que antes era quase inexistente".[14] O vocabulário marxista floresceu na literatura, assim como, em menor quantidade, mas não em menor engajamento, o linguajar fascista. Com o largo despejo de ideias políticas sobre os protagonistas da cultura brasileira, abria-se um espectro ideológico vasto entre esses dois polos. Simpatizantes e adeptos ferrenhos da esquerda, da direita ou do suspeitoso centro lidavam entre si com suas recém-adquiridas convicções, por vezes conflitantes e paradoxais. Comunismo, socialismo, stalinismo, fascismo, nazismo, integralismo, pacifismo, capitalismo, pan-americanismo, liberalismo, entre outros "ismos", ampliaram o debate político dentro da esfera artística. Consequentemente, uma "mentalidade mais democrática a respeito da cultura" foi estabelecida e, por extensão, "houve maior consciência a respeito das contradições da própria sociedade".[15] Oswald, ao mesmo tempo que salientava a importância de 22, não queria deixar nenhuma dúvida de que o seu comunismo era uma evolução: "É para frente que se deve andar", dizia a frase de efeito do prefácio de *Serafim*, repetida outras vezes. Dessa forma, aproximou-se dos jovens escritores, ativistas e intelectuais de esquerda, estabelecendo novos laços de amizade. Ao mesmo tempo, deixava claro que a origem destes, apesar do inerente engajamento ideológico, pouco diferia da geração anterior:

> Ora, vocês da novíssima geração são como nós da velhíssima, originários de uma pequena burguesia colonial e pacata e como nós sentem o abalo diário da terra telegráfica e a mobilização das catástrofes que vão engolir, com manteiga de sangue, a velha sociedade.[16]

Após sucessivas investidas modernistas, Oswald entendera que a autonomia cultural e social brasileira só seria de fato possível a partir da instauração de uma sociedade comunista no país. Embora por vezes contraditórias, as máximas intuitivas da Antropofagia lhe deram esteio para comprovar que sua guinada radical à esquerda era essencial ao seu projeto.

Após esse percurso de maturação de ideias — do manifesto *Pau-Brasil* ao arremedo final de *A escada vermelha* —, Oswald retoma a escrita teatral, deixada de lado havia vinte anos e, de maneira inovadora com *O rei da vela*, acaba por alcançar a resolução de um impasse aventado na década anterior. Conforme aponta o estudo de Bruna Della Torre, ocorre na peça em questão um novo "deslocamento da noção de 'atraso' em relação, principalmente, a *Pau-Brasil* e ao 'Manifesto Antropofágico', em que o atraso era algo a ser superado [...]. Agora, em 1933, o atraso era exposto em *O rei da vela* como uma escolha das classes dirigentes".[17] A peça apresenta as sequelas da derrocada de 1929 e da política cafeeira: a decrepitude da aristocracia rural brasileira sendo substituída não pela revolução, mas por uma renovada burguesia. Visionário, Oswald defende que o seu teatro "deve esclarecer pela invenção dos efeitos, pela indumentária, pela síntese, o que a peça não pode totalmente dizer". E exemplifica: o personagem do usurário se veste como domador de feras. Seus clientes, por sua vez, estão dentro da jaula, enfurecidos feito os animais "porque psicologicamente é essa a sua posição diante do usurário". *O rei da vela* é uma retaliação ao "teatro de classe" da burguesia, ou, nas palavras do escritor, a "espinafração",[18] posto que a conclusão de Oswald é que não há conciliação possível na luta de classes.

Já na peça seguinte, *O homem e o cavalo*, ele submete suas personagens à "verdade socialista — um bem para o qual caminham todos os deserdados da terra" do teatro oswaldiano, segundo Sábato Magaldi.[19] No texto a revolução finalmente se realiza. Oswald faz uso da paráfrase e da paródia de uma série de textos que preenchem as cenas, tais como a Bíblia, discursos de Lênin e de Stálin, o livro *Dez dias que abalaram o mundo*, de John Reed, alusões a *O encouraçado Potemkin*, de Eisenstein, entre outras citações diretas e indiretas. *O homem e o cavalo* assombra também por seus extraordinários lampejos de futurologia. Logo na terceira cena da peça, escrita também em 1933, o personagem Poeta-Soldado afirma: "Inaugurou-se há dois dias na Alemanha de Hitler a campanha de morticínio contra os judeus... Vocês ouviram pelo rádio...", antecipando em quase uma década o infame plano da "solução final" de Heinrich Himmler. Mais à frente na peça, é a vez de o personagem Icar profetizar a morte do Führer: "O rádio anunciou o suicídio de Hitler e o empalamento de Chang Kai-Chek...". Por fim, no "Estratoporto" da "gare interplanetária da Terra Socialista",[20] delirante cenário final da peça, Oswald antevê a seu modo o futuro programa espacial soviético... um ano antes do nascimento de Iuri Gagarin.

Mas a quem atende, na década de 1930, o teatro radicalmente inovador de Oswald? Para Paulo Emílio Sales Gomes, o notável "adiantamento político-artístico" do autor de *O homem e o cavalo* é "desequilibrado" e motivado apenas pela paixão de Oswald em "espinafrar" a burguesia, sua antiga aliada. Paulo Emílio afirma que nem o burguês nem o proletário seriam atingidos pelo teatro oswaldiano: "Este último deu-lhe as costas, recusando levar para casa, onde tem mulher e filhos, um livro obsceno. O primeiro leu o livro escondido, para não se comprometer; gozou das obscenidades e sentiu-se satisfeito".[21] Oswald, evidentemente, respondeu à provocação de seu jovem amigo. Afirmou que Paulo Emílio dizia "besteira reacionária" e que dessa forma estava "simplesmente fazendo o jogo de certo tipo de desagregador" de intelectuais "fracassados" que procuram afastar "das massas os verdadeiros escritores que a querem servir".[22] Oswald tinha vontade de despertar e inflamar as multidões. Tinha como exemplos os métodos dos escritores soviéticos a quem superestimava. Nesse quesito, o estudo de José João Cury *O teatro de Oswald de Andrade* aproxima *O homem e o cavalo* e *Mistério-bufo*, de Vladimir Maiakóvski, em suas várias intertextualidades formais, seja no arranjo dos quadros da peça, seja em diversos momentos de seus diálogos. Admiravelmente, a semelhança entre as duas peças também se estende ao fracasso de suas respectivas recepções. A montagem radical de Meyerhold do texto de Maiakóvski, em 1918, teve apenas três apresentações e lhe custou o cargo de diretor teatral do Comissariado do Povo para a Educação, em Moscou. Já Oswald chegou a organizar a leitura de *O homem e o cavalo* no final do ano de 1933, no Teatro de Experiência, de Flávio de Carvalho, instalado no Clube dos Artistas Modernos (CAM), em São Paulo. O texto, porém, foi considerado "pornográfico" e a polícia determinou o fechamento do teatro.

Mesmo não dando o braço a torcer para a crítica de Paulo Emílio, provavelmente Oswald entendera que as soluções estético-ideológicas soviéticas de Maiakóvski, Meyerhold e também de Eisenstein, vitoriosas aos olhos ocidentais, eram não imperfeitas, mas equivalentes aos avanços do primeiro modernismo brasileiro e, da mesma forma que este, estariam já ultrapassadas diante dos urgentes embates ideológicos do mundo. Ao mesmo tempo, o escritor estava ainda mais limitado financeiramente e se via sem recursos para dar cabo de grandes gestos em prol da revolução como foram, por exemplo, a criação de *O Homem do Povo* ou o custeio da edição do livro *Parque industrial*, de Pagu, publicado em 1933. O fôlego de sua emblemática paixão comunista é interrompido pela viagem que Pagu arrisca ao redor do mundo. A escritora só retornaria em 1935, ano em que o casal se separa oficialmente.

Em 1934, *O homem e o cavalo* é publicado em livro. Em resenha no *Boletim de Ariel*, Jorge Amado — fã do autor, a quem conhecera poucos anos antes numa livraria do Rio de Janeiro — reconhece que a "força literária e revolucionária" da peça independe de sua atuação no palco e afirma que "bastaria que Oswald houvesse escrito esse livro para ficar como uma das forças maiores da nossa literatura".[23] (Ao longo dos anos, frustradas todas as tentativas de montagem, Oswald acabaria concordando com Jorge que suas peças talvez fossem feitas para serem mais lidas do que encenadas.) O gesto público de reconhecimento numa época de penúria pessoal atraiu ainda mais o escritor paulista ao grupo dos jovens romancistas de filiação comunista.

Ainda naquele ano, Oswald de Andrade é apresentado a Julieta Guerrini, então professora do Grupo Escolar do Brás. Os dois passam a viver juntos numa pensão na avenida São João. Julieta dá início a sua carreira artística de pintora e escritora, adota o nome de Julieta Barbara (numa referência ao nome de sua avó) e, com o apoio de Oswald, publica seus primeiros poemas em revistas e periódicos paulistas e cariocas. Em paralelo, a nova companheira interfere positivamente na vida financeira de Oswald, ajudando-o a equilibrar as contas e negociar as dívidas. Os dois se mudam para a praça Júlio de Mesquita, no altíssimo Edifício Itapetininga. Com eles vão morar os filhos de Oswald: o pequeno Rudá, filho de Pagu, e Oswald de Andrade Filho, o Nonê, de vinte anos, que mais tarde se casaria com Adelaide Guerrini, irmã de Julieta. Com a fundação da Universidade de São Paulo (USP), Barbara ingressa no curso de sociologia da Faculdade de Filosofia, Ciências e Letras da instituição. Seus eméritos professores estrangeiros Claude Lévi-Strauss, Roger Bastide e Giuseppe Ungaretti em pouco tempo se tornariam amigos do casal Guerrini-Andrade.

Em 1935, Oswald não saberia, mas seria investigado pela polícia no dia 17 de março, como "um dos brasileiros mais obcecados pelo credo vermelho", enquanto a famosa Lei de Segurança Nacional de Getúlio — a Lei Monstro — ainda estava em tramitação. No mesmo mês de março, a esquerda se unia sob o guarda-chuva da Aliança Nacional Libertadora, frente única contra o fascismo, em especial contra o integralismo de Plínio Salgado, que tomava grandes proporções no cenário político brasileiro. Em novembro, a Intentona Comunista foi desbaratada pelo governo. Vargas, ainda antes do final do ano, impõe o estado de guerra no país e a caça aos comunistas (e a todo o vasto espectro da esquerda) se estende pelo ano seguinte. Entre os escritores próximos a Oswald, Jorge Amado e Rachel de Queiroz ficam presos por um curto período, diferentemente de Patrícia Galvão, Dyonélio Machado e Graciliano Ramos, que passariam o ano atrás das grades. Pagu só seria libertada em 1937, assim como Dyonélio, mas seria feita novamente prisioneira política em 1938, permanecendo mais dois anos encarcerada.

A perseguição à esquerda permaneceu implacável até o início da guerra. Servindo-se da farsa do Plano Cohen, Getúlio Vargas suprime as eleições presidenciais e promove o golpe de 10 de novembro de 1937. Embora sob nova Constituição claramente inspirada na Carta del Lavoro de Mussolini, as novas diretrizes do governo, apesar de fascistoides, frustram não só as expectativas dos países signatários do Pacto Anti-Komintern (Alemanha, Japão e Itália), mas também as da Ação Integralista Brasileira (AIB), de Plínio Salgado, a quem o presidente, momentos antes do golpe, havia prometido o Ministério da Educação e, logo depois, descumprira o acordo verbal. Todos os partidos políticos são proibidos, inclusive a AIB: antes úteis ao governo na luta contra os comunistas, militares simpatizantes do Sigma são exonerados pelo presidente. Mesmo extirpando todas "as filigranas doutrinárias e as falsas noções de liberdade pública" do "ranço democrático", nas palavras do próprio Getúlio, o presidente evitou se colar à imagem do nazifascismo para apresentar-se como um presidente liberal e estreitar os laços diplomáticos com o governo norte-americano de Franklin Delano Roosevelt.

No mesmo mês do golpe do Estado Novo, saía no desavisado *Boletim de Ariel* a única e inócua resenha sobre o volume *Teatro*, edição da José Olympio que reunia *O rei da vela* e *A morta*, último texto teatral de Oswald, escrito no início do ano. Assim como as outras duas peças, *A morta* também acabaria gerando mais ruído do que o esperado engajamento político entre os seus leitores. Porém, sua pretensiosa dramaturgia sofre uma reviravolta radical com o *grand finale* do texto inventado por Oswald. O solitário Poeta, protagonista do espetáculo, depois de "castrado na sua ação" diante do mundo hostil, capitalista e individualista apresentado nos primeiros quadros, na cena final "flamba tudo nas [suas] mãos heroicas". Oswald literalmente incendeia a cena, afirmando, através do personagem Hierofante, que não há escapatória para o público burguês: "Se quiserdes salvar as vossas tradições e a vossa moral, ide chamar os bombeiros ou se preferirdes a polícia! Somos como vós mesmos, um imenso cadáver gangrenado! Salvai nossas podridões e talvez vos salvareis da fogueira acesa do mundo!".[24] Na carta-prefácio da peça, datada de 25 de abril de 1937, endereçada a Julieta e incluída na edição do livro, Oswald salienta a extrema importância de *A morta* na sua obra literária e termina afirmando: "As catacumbas líricas ou se esgotam ou desembocam nas catacumbas políticas".[25] Exatamente no dia seguinte à carta, o mundo testemunharia, incrédulo, o bombardeio de aviões alemães e italianos sobre a cidade de Guernica, na Espanha, durante três horas ininterruptas. O surgimento de *A morta* ficaria sinistramente balizado por esse trágico episódio da Guerra Civil Espanhola e pela instauração do Estado Novo. Oswald de Andrade, após frustradas a leitura de *O homem e o cavalo* e quatro tentativas de montar *O rei da vela*, bem como *A morta*, nascida sob a censura, não assistiria em vida a nenhuma apresentação de suas peças. Por outro lado, a rotina mandatoriamente menos intempestiva, em comparação aos anos anteriores, deu-lhe ordem mental para enfrentar o projeto de *Marco zero*. "Os meus livros anteriores encerram apenas experiências de estilo, variadas e agressivas", afirmaria em entrevista. Agora, Oswald daria início a "uma obra de trabalho sereno" que lhe custaria "muito esforço e paciência".[26]

Nos primeiros trechos de *Marco zero* publicados na imprensa, não há sinais de alegorias explosivas, processos paródicos, disrupções narrativas ou mesmo da intertextualidade com outros autores — recursos frequentes desde *Pau-Brasil* até *A morta*. Pelo contrário, os trechos retomam um discurso linear que os aproxima, conforme exemplifica Antonio Candido, aos romances pertencentes à primeira incursão de Oswald na prosa, a trilogia *Os condenados*. O escritor agora evita a peripeteia aristotélica das obras que se tornaram ícones de sua posteridade. Seu intuito é despertar o engajamento de um público mais amplo sem rodeios vanguardistas. Nesses primeiros trechos, já são perceptíveis duas forças da narrativa de *Marco zero*: "a secura documentária" e "a ficção dramatizada, enfática". A "serenidade", o "esforço" e a "paciência" do empreendimento avesso ao que vinha produzindo nos últimos dez anos faria Oswald desvencilhar sua presença literária "enorme, catalisadora, barulhenta, remexedora por excelência"[27] de seu ofício de criador. Um movimento surpreendente e inédito.

Conforme já observado, em "A vocação", "Natal no arranha-céu" e "Perigo Negro", Oswald já tinha consigo o escalonamento do elenco de seu ciclo romanesco bem como planejado sua atuação ao longo dos marcos cronológicos que separam cada romance, muito antes da publicação do primeiro volume.

As personagens e as cenas havia algum tempo já vinham sendo coletadas; segundo suas próprias palavras,

> um fabuloso material colhido entre os vários dialetos e línguas que se falam neste tumultuoso aglomerado de raças e de povos tão diferentes que é São Paulo. Colhi material em todos os setores. Não fiquei no Brás nem no Bexiga. Há nos diálogos de *Marco zero* desde as deformações linguísticas introduzidas pelo imigrante japonês, às do negro, do sírio e do caboclo.[28]

Já a pesquisa fora do centro urbano paulista se deu pelas fazendas de Piracicaba e arredores, propriedades de seu sogro, Pasqual Guerrini, anotando o que lhe saltava à vista. Empenhado na coleta de dados, entre outras cidades e vilarejos do estado de São Paulo, Oswald visitaria também a cidade de Iguape, na companhia de Julieta e de Roger Bastide, e também Registro, berço da imigração japonesa e cenário de *A revolução melancólica* e *Chão*.

Apesar de abandonadas as fórmulas vanguardistas para se aproximar a seu modo da cartilha do realismo socialista, havia um abismo enorme, invisível para Oswald, entre *Marco zero* ser lido de fato pelos cerca de 40% da população alfabetizada do Brasil de então e o alcance popular real de sua literatura. Enquanto escreveu, *Os condenados* foi a obra que obteve o maior número de reedições, chegando, segundo as contas do próprio escritor, a 3 mil exemplares vendidos.[29] Logo após a sua morte, ainda na década de 1950, nenhum de seus livros constava no catálogo das respectivas editoras. Enquanto Oswald estava vivo e produzindo, as massas não provaram do seu biscoito fino.

Mesmo tornado comunista, o escritor continuava a se manter diante da classe intelectual — e também do "povo" por ele idealizado — como pensador de vanguarda à frente de seus pares e de seu tempo, o que de fato era. Consequentemente, sua tentativa de dar às massas a consciência revolucionária necessária permaneceu (e ainda permanece) no caridoso âmbito da profecia e das possibilidades utópicas. Essa não superação da altivez do intelectual em *Marco zero* e seus trechos dispersos replicaria uma série de equívocos surgidos na busca das elites pelo país real, sendo esse o traço mais determinante do processo cultural dos anos 1930.[30] A reprodução da língua oral da população iletrada ou imigrante, presente já em "Perigo Negro" e "Natal no arranha-céu", além de reiterar a fetichização bem modernista do outro não hegemônico, incorre em tácito preconceito linguístico, dado que o português escorreito de *A revolução melancólica* e *Chão* ocorre invariavelmente na fala esclarecida dos personagens a favor da revolução proletária, indisfarçáveis porta-vozes das ideias de Oswald. Como observa Lucia Helena, a onisciência do narrador acaba por obliterar a dialética da alteridade, pois a continuidade linear da estrutura do romance que "apenas simula ser fragmentária" elimina qualquer conflito inerente à tessitura da ficção. Os mosaicos do afresco oswaldiano, bem como a forma caricatural como são apresentadas as dezenas de seus personagens, são "esvaziados de poder corrosivo, porque plenos de *exemplaridade*".[31] O abandono de seu *modus operandi* vanguardista soava total e irreversível.

O cinema de "Perigo Negro", consequentemente, não tem em sua dramaturgia qualquer semelhança com as inovações de sua trilogia teatral, seja na forma, seja no conteúdo. Em termos cinematográficos, analogicamente, "Perigo Negro" estaria não do lado de Eisenstein, mas de Pudovkin, considerando-se a famosa controvérsia entre os dois realizadores soviéticos acerca da montagem de um filme. Trocando em miúdos, se para Eisenstein a montagem de um filme deveria ser empreendida a partir do choque dialético entre as imagens, Pudovkin afirmava que as imagens deveriam se encadear enquanto elementos de uma narrativa que ajudasse a transparecer uma realidade, envolvendo e educando dessa forma o público em geral na alfabetização cinematográfica.[32] Não à toa, Pudovkin sobreviveria com louvor ao expurgo dos artistas promovido pela ditadura de Stálin. Léon Moussinac, contemporâneo de Oswald, reconhecido teórico e apreciador do cinema soviético, fez uma comparação famosa entre os dois cineastas, ainda em 1928: "Um filme de Eisenstein se parece com um grito; já um filme de Pudovkin soa como uma canção". Na mesma medida, Oswald queria se fazer entender diante de seus leitores.

Oswald percebia que vinha atrasado no bonde da prosa brasileira ao iniciar o seu ciclo romanesco nos estertores da década que já havia legitimado os ciclos do cacau de Jorge Amado e o da cana-de-açúcar de José Lins do Rego. Apesar de as narrativas se assemelharem à de Oswald na crítica à exploração capitalista e à decadência moral e financeira de uma elite, há diferenças fundamentais. *Marco zero* não é um ciclo de memórias, tal qual a obra de José Lins, mas um ciclo impregnado de história, contada pela história de anônimos. Não há qualquer nostalgia na proposta ficcional do escritor paulista. Há, sim, a expectativa da revolução comunista, frustrada pelos acontecimentos políticos ao longo da escrita: e essa é sua diferença em relação à obra do jovem Jorge Amado. Oswald não pôde eliminar deliberadamente de seus romances os personagens referentes à elite opressora como Jorge o fez.[33] O compromisso de seu grande afresco social brasileiro/paulista consiste em não adulterar o desarranjo injusto da história e, como Gorki, espelhá-la de modo análogo na trama do ciclo. Iniciar *Marco zero* em meados da década, por outro lado, deu a Oswald a vantagem de poder acompanhar os desdobramentos do Realismo Socialista de Stálin e, a seu modo, discernir o que havia sido prescrição estética do regime do que havia sido pura dissonância do que chegava ao Brasil acerca da literatura russa. Naquela altura, o leitor ocidental se deparava com uma série de obstáculos para ter acesso pleno ao que ocorria em Moscou, gerados não só pela barreira linguística, mas também pela inacessibilidade às fontes, dado o truncado contexto político. Do outro lado, não foram poucos os escritores no Brasil que, mesmo ligados mais ou menos às diretrizes do Partido Comunista Brasileiro (PCB), assimilaram as influências soviéticas contaminadas por esses ruídos e, dessa forma, estabeleciam suas obras, bem como suas convicções.

Com o advento do Plano Quinquenal, Ióssif Stálin deu início também a uma revolução cultural na Rússia, estendendo o seu controle político aos artistas e intelectuais de seu país. Resumidamente, todas as artes seriam cooptadas pelo Estado para a construção de uma nova sociedade. De acordo com o plano, a principal meta do escritor soviético era aumentar a consciência política dos trabalhadores ao escrever livros com cujo conteúdo eles pudessem se identificar enquanto protagonistas e assimilar as novas diretrizes políticas. Para alcançar tal objetivo, todo artista com voz individual foi considerado politicamente suspeito. Ao longo da década, foram perseguidos pelo regime nomes como Zamiatin, Maiakóvski, Akhmátova, Meyerhold, Vertov, Eisenstein e Chostakóvitch, entre outros. Alguns escaparam da prisão e conseguiram a duras penas estabelecer uma relação possível com o governo, como Chostakóvitch. Outros foram presos, torturados e fuzilados, como Meyerhold.

Em uma famosa reunião com Stálin em 1932, Andrei Jdanov, dirigente do Partido Comunista, e mais cinquenta escritores, na casa de Maxim Gorki, o Socialismo Realismo foi criado com o intuito de determinar como seria feita a aplicação do Plano Quinquenal no campo da literatura. No encontro, Gorki estipulou que o Realismo Socialista deveria reunir o realismo crítico da literatura russa do século XIX com o romantismo revolucionário bolchevique, combinando a humilde realidade cotidiana da União Soviética com a visão da promessa heroica da Revolução.[34] Dois anos depois, o primeiro congresso da União dos Escritores da União Soviética reuniu um público de cerca de 25 mil moscovitas e várias delegações representando os diferentes trabalhadores soviéticos apresentaram suas reivindicações literárias. Segundo o escritor Ilya Ehrenburg, convidado do evento, as tecelãs exigiam um romance sobre o seu ofício, os ferroviários diziam não estar sendo representados nos livros e até os inventores exigiam protagonistas inventores. Maiakóvski, morto quatro anos antes, foi ovacionado com respeito, mas, ao mesmo tempo, criticado por Gorki, que acusava o seu "hiperbolismo" como influência danosa aos novos poetas.[35] Na sua vez de discursar, Ióssif Stálin adicionaria às orientações da nova ordem literária soviética que

> o Realismo Socialista não significa apenas conhecer a realidade como ela é, mas saber para onde se move. Ela se move rumo ao socialismo, rumo à vitória do proletariado internacional. E a obra de arte criada por um realista socialista é a que mostra aonde leva aquele conflito de contradições que o artista viu na vida e refletiu na sua obra.[36]

Em paralelo no Brasil, surgiam no mercado editorial traduções de novos (e hoje esquecidos) autores soviéticos cujas obras endossavam o discurso de Gorki e Stálin. Atento, Oswald se dedicou a dois nomes em particular: Ilya Ehrenburg (que se tornaria grande amigo de Jorge Amado) e Fiódor Gladkov. Do primeiro, foram editados dois livros: *As aventuras de Julio Jurenito*, em 1932, e *Fevereiro sangrento: A revolução de 1934 na Áustria*, reportagem jornalística que seria censurada e retirada das livrarias do país em 1937. Ehrenburg tinha o raro papel na revolução cultural soviética de servir ao governo vivendo na Europa, aproximando-se da esquerda intelectual do Ocidente, estabelecendo-se como voz amiga e oficial do socialismo russo. *Julio Jurenito*, escrito em 1922, apresenta curiosas semelhanças com a escrita pregressa de Oswald. Trata das aventuras do pintor mexicano Jurenito (provavelmente inspirado pela personalidade de Diego Rivera) às voltas com as vanguardas europeias do início da década de 1920, que Oswald viria a conhecer de perto. Sarcástico, repleto de personagens reais como Maiakóvski, Charles Chaplin, Pablo Picasso e o próprio Ehrenburg, o romance é uma mistura de confissão e "espinafração" à moda oswaldiana do mundo burguês e artístico por onde circulava o autor. Em 1936, assim como outros escritores, entre eles George Orwell, Ehrenburg lutaria contra as tropas de Franco na Espanha enquanto também servia como correspondente de guerra.

Já Gladkov ficaria eternizado na prosa soviética por conta de *Cimento*. Escrito originalmente em 1924 e revisado inúmeras vezes, moldando-se ao gosto do Partido, o romance de Gladkov tem como protagonista o operário Gleb Chumalov, personagem ideal que serviria de modelo para os heróis ficcionais posteriores da Rússia stalinista. *Cimento* era admirado por nomes importantes da política cultural soviética, como Lunacharski, comissário da Cultura, e pelo próprio Gorki, que afirmou: "Gleb é finamente trabalhado e, embora seja romantizado, é assim que deve ser". Efetivado enfim ao panteão literário soviético, Gladkov escreveria *Nova terra* (também traduzido no Brasil em 1934) e o aclamado *Energia*, nunca publicado em português.

Oswald tratava Ehrenburg e Gladkov como antídoto contra a apatia do romance europeu do século XX. Classificava a prosa ocidental como cética, sem "nenhuma militância" ou "fé esposada", embora não negasse a magnitude de *Ulysses*, de James Joyce (em cuja técnica "naufragam todas as velharias do romance de um século e com elas o próprio espírito desse século"), por exemplo. Em contraposição, dizia que Ehrenburg e Gladkov faziam literatura "afirmativa", chegando a insinuar que *Energia* seria uma superação de Joyce, mas de outra maneira: "geométrica e lisa" de "linhas sólidas" e "arquitetura mole", "paradigma do romance que já penetrou os primeiros degraus do futuro humano", "bem longe de Stephen Dedalus e Mr. Bloom".[37] O escritor entendia que a cartilha de Stálin, Jdanov e Gorki trouxera uma pujança ética e estética à literatura soviética. Sua "poderosa e harmônica ascensão" serviria às pretensões de *Marco zero* mais do que a prosa inglesa e francesa. Junto a isso, os mesmos atributos com que diferenciava as literaturas Oswald utilizava para comparar os líderes políticos dos respectivos países: de um lado a autoridade de Stálin e do outro a languidez de Chamberlain e Daladier. Curiosamente, a favor de Stálin, mas inimigo do nazismo, Oswald elogiava na mesma medida a literatura alemã não oficial, "violentamente afirmativa", de Thomas Mann, bem como a nova prosa norte-americana, igualmente afirmativa, mas "com um colorido de moderação". Concluindo o seu balanço, o escritor diria que o Brasil, "colocado geográfica e mentalmente na América, não está longe da posição progressista em que se desenha, em grave luta o século XX".[38]

Assim como o seu personagem, que sofria de "insônia internacional", Oswald observava, incrédulo, a imponderabilidade do futuro da humanidade. Tudo poderia ocorrer e em proporções inéditas. Portanto, havia ainda razões para crer no triunfo da revolução proletária; um plausível happy end para o derradeiro (e incompleto) volume de *Marco zero*, pelo menos. Oswald escrevia na mesma velocidade em que o mundo girava. Convencia-se de que, ao experimentar o Zeitgeist, pudesse talvez mudar o curso dos acontecimentos.

3.
Banho de sol

Naquele mesmo outubro de 1938, Orlando Silva, o "cantor das multidões", após uma turnê por São Paulo, realizaria a sua aguardada *rentrée* musical na grade da Rádio Nacional, no Rio de Janeiro. Com aparições semanais nas noites de quarta-feira e extraordinárias aos sábados, Orlando voltaria às ondas do rádio com o seu mais recente compacto, lançado pela gravadora Victor: "A jardineira". Sucesso quase instantâneo do verão, a canção naturalmente se tornou a franca favorita para vencer pelo voto popular o concurso de marchas carnavalescas de 4 de janeiro de 1939: o aguardado Dia da Música Popular Brasileira, promovido pela Exposição do Estado Novo,[1] sob as ordens do escritor Lourival Fontes, diretor do DNP. Apresentado na grande área ao ar livre da extinta Feira Internacional de Amostras — entre o largo da Misericórdia e a rua de Santa Luzia, no centro da cidade —, o evento entrou para a história como a maior festa da música popular já realizada no país até então. De acordo com a imprensa, cerca de 100 mil pessoas assistiram ao revezamento das estrelas da música no palco ao longo das 26 canções do repertório escolhido para a grande noite.

O projeto político getulista havia escolhido como símbolos nacionais a produção cultural oriunda dos grupos dominados da sociedade. A estratégia tinha como respaldo a famosa tese central de Gilberto Freyre, largamente disseminada com o advento de *Casa-grande & senzala*, publicado em 1933. O mito da mestiçagem, a falaciosa "fusão harmoniosa de culturas", mesmo que destronando a teoria do eugenismo em voga até então, ainda assegurava tacitamente a dominação do grupo branco e de sua elite sobre o restante da população. Por sua vez, a música se tornaria o veículo principal dessa mestiçagem, tendo o samba como seu principal exemplo e o Carnaval — agregador de outros estilos musicais, como o maxixe, o cateretê e as marchinhas — como sua principal festa. A par da eficiência do rádio enquanto avanço tecnológico moderníssimo para impor seu plano unívoco de unidade nacional, Getúlio, com a ajuda de Lourival, sabia que ter as principais estrelas do rádio sob o controle do Estado Novo seria essencial para a manutenção do regime.

Naquela noite, "A jardineira" conseguiu eclipsar Carmen Miranda e sua "Boneca de piche", Almirante e o "Hino do Carnaval brasileiro", Francisco Alves e "Primeiro amor", "Sei que é covardia, mas...", com Carlos Galhardo, e "Florisbela", na voz de Sílvio Caldas. O público "irrompeu em calorosa e até então inédita aclamação" e acompanhou Orlando Silva do início ao fim na marchinha de "pseudoautoria" de Humberto Porto e Benedito Lacerda, conforme alfinetara Ary Barroso dias antes nos jornais. De fato, o refrão original de "A jardineira" era já conhecido de outros carnavais: Benedito o tinha escutado anos antes em Mar Grande, na Bahia, e resolvera transformá-lo em marcha com a ajuda de seu parceiro Humberto. Posteriormente, o cronista Jota Efegê iria ainda mais longe ao afirmar que desde o século XIX a melodia de "A jardineira" já era cantada pelos primeiros ranchos carnavalescos cariocas. Original ou não, nada poderia tirar o êxito da canção. No entanto, a distribuição desorganizada de cédulas de votação para o público da exposição deu vitória para a não tão carismática "Florisbela", interpretada por Sílvio Caldas e composta por Eratóstenes Frazão e Antônio Nássara, todos reconhecidos getulistas. Insatisfeitos com a apuração dos votos, feita no gabinete de

Lourival Fontes, os compositores das demais marchas concorrentes, entre eles os autores de "A jardineira", enviaram uma carta em protesto ao diretor do DNP. Publicada na *Gazeta de Notícias*, a carta enumerava uma série de irregularidades ocorridas ao longo do processo de votação. A reclamação não foi nem sequer levada em consideração e "Florisbela" permaneceu como a grande vitoriosa.

No domingo, três dias após os resultados do Dia da Música Popular Brasileira, Getúlio e sua filha Alzira receberam no Palácio do Catete grande parte dos artistas que participaram do concurso na Feira de Amostras. Depois de um tempo, animado pela presença de Almirante, Orlando Silva, Lamartine Babo, Dorival Caymmi, Dircinha Batista e Carmen Barbosa, entre outras estrelas, o presidente perguntou pela marcha vencedora do concurso. "Foi a 'Florisbela'", responderam alguns dos cantores que estavam mais próximos dele. Almirante, entretanto, resolveu dar o recado:

"Excelência, essa marcha venceu, mas não foi pela vontade do povo, que prefere 'A jardineira'."

"Mas não faz mal", retrucou Getúlio com um sorriso diplomático no rosto. "Eu desejava ouvir a 'Florisbela'. Não sei se aqui alguém sabe cantar..."

Após um breve momento de silêncio à beira do constrangimento coletivo, o jovem cantor Odir Odilon, para alívio de todos, se prontificou a atender ao pedido do presidente.

Para o Carnaval de 1939, a prefeitura de Henrique Dodsworth havia instalado ao longo dos 57 postes da avenida Rio Branco uma nova iluminação, além de ornamentos e alto-falantes que, independentemente do que era cantado na avenida, reproduziam, imperiosos, marchinhas carnavalescas. Sob responsabilidade do arquiteto Léo da Silveira e do artista Oscar Lopes, a decoração dos festejos se estendeu até a praça Onze, ao Campo de São Cristóvão e a praça Paris, onde foram construídos oito painéis com alegorias e desenhos que faziam alusão aos carnavais marcantes dos anos anteriores.

Na noite da Terça-Feira Gorda, a Rio Branco, lotada de fantasias e alegorias estado-novistas, testemunhara o último dia da festa com o desfile apoteótico do Congresso dos Fenianos, vencedor do concurso das grandes sociedades. Já na disputa entre as pequenas sociedades, realizada no sábado no Campo de São Cristóvão para um público de 200 mil pessoas, a União das Flores alcançou o tricampeonato, deixando o segundo lugar para os Inocentes do Catumbi e o terceiro para a Aliança de Quintino. Na competição entre as escolas de samba, realizada na praça Onze, a Portela se tornou bicampeã com o "Teste ao samba". De autoria do compositor e presidente da escola Paulo da Portela, o "teste" ficou conhecido como o primeiro "samba-enredo" do carnaval carioca, já que nunca antes uma agremiação havia estabelecido uma unidade conceitual entre alegorias e fantasias e os versos do samba apresentado.

Houve ainda o desfile dos préstitos das repartições públicas (com vitória do Bloco da Prefeitura), os bailes populares nos palcos montados na praça Paris e na praça Onze, o baile para a "petizada" no Teatro João Caetano e uma infinidade de festejos privados realizados por praticamente todas as agremiações esportivas da cidade — o baile do Clube de Regatas do Flamengo, com sua famosa jazz-band, os do Tijuca Tênis Clube, do Riachuelo Tênis Clube, do Sampaio Atlético Clube e do Penha Clube, o baile de gala do Fluminense Tênis Clube e as festas da Legião Rubro Anil na sede do Bonsucesso Futebol Clube —, além dos festejos diários nas sedes das grandes sociedades carnavalescas: Clube dos Democráticos, Clube dos Fenianos, Tenentes do Diabo, Pierrôs da Caverna e o vencedor, Congresso dos Fenianos. O jornalista Francisco Moraes Cardoso, o primeiro Rei Momo carioca, pulou, incansável, "A jardineira" durante todos os dias do Carnaval, cumprindo uma extensa e exaustiva agenda que ia do coreto de Madureira, ao som da Banda Luso-Brasileira, ao tradicional concurso de fantasias do baile do Theatro Municipal, acompanhado do prefeito da capital federal.

À meia-noite da terça-feira, 21 de fevereiro, fez-se ouvir nos alto-falantes da avenida Rio Branco o Hino Nacional brasileiro, mais uma novidade do regime. Do Palácio Monroe até as proximidades da rua da Alfândega, o verso final "Pátria amada, Brasil" foi bradado pela população, que aplaudiu efusivamente a composição de Francisco Manuel da Silva logo antes do seu acorde final, como de costume.

De São Paulo, assim como Orlando Silva, Oswald de Andrade e Julieta Barbara eram também esperados no Rio de Janeiro, guardadas as devidas proporções. Logo após a deposição do Rei Momo, Oswald chegava à cidade para trabalhar na imprensa carioca. Além das malas e dos cadernos manuscritos de *Marco zero*, o escritor trazia a promessa de se estabelecer na capital federal, ideia que vinha amadurecendo desde o final do ano anterior. O convite veio de Joaquim Inojosa; o escritor pernambucano queria Oswald como colaborador diário do futuro jornal *Meio-Dia*. Dono e criador do empreendimento, Inojosa explicaria em dezembro, por carta, as diretrizes ideológicas do periódico:

> [...] sem ligações com qualquer grupo doutrinário ou financeiro, orientando-se, entanto, pelos princípios de um sadio nacionalismo e de uma cada vez mais crescente aproximação interamericana [...]. Trabalhar para que o Brasil avance dentro da ordem, consolidando e aperfeiçoando as suas instituições deverá ser a preocupação de todos quantos quiserem colaborar no *Meio-Dia*.[2]

O Rio de Janeiro e o *Meio-Dia* significariam para Oswald uma oportunidade para retomar a sua atuação literária e política na imprensa. Como poucas vezes em sua vida, sua colaboração no jornal de Inojosa poderia lhe dar uma almejada liberdade para escrever, finalmente sem estar atrelado à direção ou à tesouraria da publicação. A suposta isenção ideológica do *Meio-Dia* bem como a promoção do interamericanismo convergiam satisfatoriamente para os interesses do autor de *João Miramar*.

Para desgosto de Mário de Andrade, que desde junho de 1938 se tornara um melancólico morador da capital federal, Oswald viria ao Rio não somente para ser lido e ouvido como havia tempos ansiava, mas para reivindicar também o seu protagonismo de papa do modernismo brasileiro. Inusitadamente, o autor de *Macunaíma* previra o fato meses antes. Alcoolizado numa mesa de bar no bairro da Glória, ele teria dito aos rapazes da *Revista Acadêmica*: "Ele vai me imitar, não dou seis meses e o Osvaldo virá morar no Rio".[3] A confirmação viria em março de 1939. *Diretrizes*, publicação de Samuel Wainer, trazia impressa a profecia de Mário, jocosamente, com todas as letras: "Oswald de Andrade, imitando Mário de Andrade, está morando no Rio".

Com a ajuda financeira do pai de Julieta, o casal adquiriu a prazo um apartamento com vista para o mar no décimo andar do número 290 da avenida Atlântica. O nome do prédio possivelmente influenciou a escolha do endereço: Edifício Tietê, até hoje de pé em frente à praia do Leme. No Rio, além de contar com suporte de Inojosa, Oswald manteve um notável laço de amizade com o círculo de escritores que costumava se reunir na Livraria e Editora José Olympio, em especial Jorge Amado, Graciliano Ramos e José Lins do Rego, além do próprio editor. Nesses encontros nos finais de tarde nos fundos da loja, o escritor acabou ficando próximo também de Amando Fontes, Rachel de Queiroz (igualmente recém-chegada ao Rio de Janeiro), Emil Farhat e Dinah Silveira de Queiroz (ambos romancistas estreantes da casa), do ilustrador Santa Rosa e do casal Lúcia Miguel Pereira e Otávio Tarquínio de Sousa (diretor da *Revista do Brasil*), entre outros escritores.

Perto do Edifício Tietê morava o casal Sérgio Buarque de Holanda e Maria Amélia, que eram vizinhos do mesmo prédio de José Olympio, localizado no final da avenida Nossa Senhora de Copacabana.[4] Outro amigo, Cláudio de Souza — com quem Oswald havia feito a famosa viagem ao Egito em 1926 ao lado de Tarsila do Amaral —, morava também próximo, no casarão de número 276 da avenida Atlântica. Fundador do PEN Clube do Brasil e então presidente da Academia Brasileira de Letras, Cláudio recebeu das mãos de Joaquim Inojosa uma proposta para admitir Oswald de Andrade como novo sócio do PEN. Datada de 16 de fevereiro, véspera de Carnaval, a proposta na realidade havia sido redigida pelo próprio Oswald:

> Venho pelo presente, apresentar para sócio do PEN Clube do Brasil o conhecido escritor Oswald de Andrade, atualmente residente no Rio de Janeiro, autor de vários livros, dentre os quais *Os condenados* e *Pau-Brasil*. Certo de que o sr. Oswald de Andrade poderá prestar relevantes serviços ao PEN Clube do Brasil, de cujas reuniões já participou em Paris, espero que seja o mesmo recebido com as atenções que merece um escritor do seu renome.

Em paralelo, Julieta Barbara concluía o seu primeiro e único livro de poemas, *Dia garimpo*, cujos originais foram devidamente entregues aos cuidados de José Olympio. Porém, antes da publicação da obra, Barbara foi vítima de um embaraço que "quase destruiu a carreira da poeta", deixando-a "de lira partida", conforme depois afirmaria a revista literária *Dom Casmurro*. Era ainda 1938 quando Oswald foi à imprensa afirmar que o poema de Rossine Camargo Guarnieri "Quando os navios atracarem sem bandeira", publicado na *Revista Acadêmica* de julho daquele ano, não passava de plágio de "Um moinho que não era moinho de vento", poema inédito de Julieta presente em *Dia garimpo*. Segundo o marido da poeta, numa troca entre pares, Julieta havia confiado ao estreante Rossine os poemas de seu livro para que ele pudesse fazer uma leitura crítica do material antes de enviá-lo para a José Olympio. Pouco tempo depois, ao folhear a *Revista Acadêmica*, Oswald enxergaria no poema de Rossine a mesma ideia central do poema de Julieta. Com poucos amigos na imprensa literária carioca, as réplicas de Rossine acabaram abafadas pela grita dos aliados de Oswald, redatores de *Dom Casmurro*.

O caso que traumatizaria Julieta foi arrefecendo ao longo dos meses até ser esquecido pelos periódicos literários. De forma inusitada, o livro de estreia de Rossine, *Porto inseguro* (publicado logo antes da polêmica, também pela José Olympio), trazia por acaso na orelha a propaganda editorial do volume *Teatro*, de Oswald, lançado em 1937. No livro, o ainda incauto Rossine havia dedicado o poema "O homem louco" ao autor de *Pau-Brasil*. Da mesma forma curiosa, outro poema, "Momento", é dedicado a Mário de Andrade, que por sua vez seria nada mais nada menos do que o autor do prefácio de *Porto inseguro*. Portanto, é provável que Oswald quisesse também atingir Mário no seu embate público contra Rossine. Como de praxe, seu ex-camarada de 1922 nem sequer comentou o caso.

No dia 1º de março, uma semana depois do Carnaval, chegava finalmente às bancas o vespertino *Meio-Dia*. A divulgação do lançamento vinha sendo muito bem orquestrada por Inojosa desde o início de fevereiro, com anúncios espalhados em diversos jornais da capital. Além disso, o escritor recifense teve a ideia de aproveitar os festejos carnavalescos e "fantasiou" alguns automóveis com faixas que diziam: "*Meio-Dia*, um jornal para o povo. A sair em 1º de março". Circulando pelos principais bairros da cidade, os "carros alegóricos" do *Meio-Dia* distribuíram cerca de 1 milhão de panfletos entre a população.

Com a primeira edição do jornal vinha Oswald de Andrade na página 4, no seu novo papel de cronista carioca. Em sua estreia, o escritor louvava a chegada do *Meio-Dia* e tecia elogios às capacidades vanguardistas e empreendedoras de Joaquim Inojosa. Para o modernista paulista, o amigo pernambucano era ao mesmo tempo "combativo representante no Recife da Semana de Arte Moderna" e dono de uma indústria têxtil em Juiz de Fora. Oswald o comparou a Robert Owen, industrial e socialista britânico, pioneiro do cooperativismo europeu e responsável por implementar na prática em sua fábrica têxtil em New Lanark, na Escócia, o socialismo utópico ainda no início do século XIX. Já Inojosa, de acordo com Oswald de Andrade, em prol dos funcionários de sua Companhia de Fiação e Tecelagem Industrial Mineira, mandara construir uma vila operária equipada de grupo escolar, parque esportivo, um edifício comercial com quinze lojas e um cinema de seiscentos lugares (e, omitida por Oswald no seu texto, uma igreja). "Quase um século e meio depois de Robert Owen, Inojosa o reproduz no Brasil retardatário", arrematava o autor de *O rei da vela*.

Joaquim Inojosa e Oswald de Andrade haviam se conhecido em São Paulo em setembro de 1922 quando aquele, ainda estudante de direito no Recife, fazia sua primeira viagem ao Sudeste. Encontrou Oswald pela primeira vez por intermédio de Menotti del Picchia na redação do jornal *Correio Paulistano*. A empatia imediata entre os dois abriu as portas do mundo intelectual para Inojosa. Na mesma semana, ele foi ao ateliê de Tarsila do Amaral, visitou Mário de Andrade em sua casa na rua Lopes Chaves e, consequentemente, travou contato com outros personagens da Semana de 22, como Anita

Malfatti, Guilherme de Almeida e Rubens Borba de Moraes. De volta ao Recife, o futuro editor do *Meio-Dia* escreveria o artigo "O que é Futurismo?", seu primeiro gesto na imprensa pernambucana em favor do modernismo paulista. Em 1923 editaria a revista modernista *Mauriceia* e no ano seguinte publicaria o livro *A arte moderna*.

Mário de Andrade reconheceu no estudo o esforço de Joaquim em tentar atualizar o repertório e os procedimentos artísticos da elite cultural do Recife, mas percebeu sua dificuldade em diferenciar os representantes do círculo modernista dos meros "passadistas" que dissimulavam uma atualização estética recorrendo a "maneirismos linguísticos aparentemente inovadores". Mário, em carta a Inojosa, avisa: "É preciso [...] adquirir espírito modernista e não processos modernistas".[5] Por outro lado, enquanto recebia a lição do intelectual paulista, Joaquim Inojosa prosperava como empresário. Em 1930, já integrado ao ramo têxtil enquanto sócio da Tecelagem de Seda e de Algodão de Pernambuco, fixaria residência no Rio de Janeiro. Pouco tempo depois se tornaria diretor da Companhia de Fiação e Tecelagem Industrial Mineira e, em paralelo, começaria a colaborar para *O Jornal*, diário pertencente a Assis Chateaubriand. Em princípios de 1939, a indústria têxtil brasileira entraria em crise. O consumo regredia e os estoques se avolumavam. Os industriais do Sudeste se puseram a favor de diminuir a carga horária dos operários e do estabelecimento de um salário mínimo aos trabalhadores. Os do Nordeste foram contra. Inojosa, nordestino mas dono de uma fábrica no Sudeste, foi aos jornais numa tentativa de amenizar os ânimos, acenando politicamente para os dois lados. Afirmou que tais medidas poderiam ser necessárias, mas não teriam caráter permanente. A situação foi remediada, mas o escritor e empresário pernambucano temia pelo futuro incerto. Dispondo de seu conhecimento jornalístico tanto nas engrenagens da gráfica quanto entre editores, jornalistas e intelectuais, Inojosa decide então diversificar os negócios e abrir um novo jornal, o 24º da gigantesca imprensa da capital federal. *Meio-Dia*, de caráter popular, em formato de tabloide copiado de periódicos norte-americanos, com grande apelo fotográfico aliado à "informação precisa e imediata", correria à tarde, a partir do meio-dia — daí seu nome.

Mesmo direcionando o viés político do *Meio-Dia* a favor do Estado Novo, Inojosa confiava à erudição e ao polemismo de Oswald o prestígio intelectual necessário à proposta dinâmica da publicação. O slogan "Um jornal para o povo" cativava não só a população carioca, mas também o escritor paulista, que experimentava na coluna "Banho de Sol" a possibilidade de repassar diariamente as suas opiniões e observações para um público de cerca de 30 mil leitores diários. Com frequência incerta, Oswald assinava também a coluna "De Literatura", mais extensa e com ênfase na crítica literária.

Ao longo de 1939 a imprensa brasileira, sob o jugo do Estado Novo, ainda não era controlada pelo Departamento de Imprensa e Propaganda (DIP), instaurado apenas em 27 de dezembro daquele ano, em substituição ao DNP, e responsável por intensificar a vigilância e a censura sobre a produção jornalística e cultural do país. Ainda sob a vigência branda do DNP, o tabloide de Inojosa contava com o serviço telegráfico e fotográfico de uma série de agências internacionais, como a Havas, da França e as estadunidenses United Press e Associated Press, mas não somente. A Transocean e a RDV, agências controladas pela Alemanha nazista, também enviavam seu material para o *Meio-Dia*.

Conforme descoberto posteriormente, o papel da Transocean no Brasil não era apenas fornecer informação jornalística para o país, mas sobretudo espioná-lo. A agência mantinha José de Carvalho e Silva como seu falso diretor brasileiro — o alemão Johannes Geyer, tesoureiro, era o verdadeiro dirigente, indicado pela embaixada germânica. Quanto a Carvalho e Silva, cumpria o papel que lhe era designado: oferecia material jornalístico alemão gratuito para Inojosa e pagava semanalmente ao *Meio-Dia* pelas publicações. Mantendo sob sigilo a origem do dinheiro nazista que financiava o jornal, Joaquim Inojosa, por sua vez dissimulado antissemita, estrategicamente se posicionava em seus editoriais de 1939 como pacifista em prol das democracias europeias, lamentando a hostilidade dos líderes fascistas e acumulando elogios às façanhas do Estado Novo nas suas sucessivas edições.[6]

Desconhecendo por completo a conspiração hitlerista, Oswald manteve de 1º de março a 15 de junho uma escrita quase diária de textos em suas duas colunas no jornal. Distante da euforia pré-estado-novista de *O Homem do Povo*, o escritor, cauteloso, durante esse período não faz menções diretas ao comunismo. Conforme já dito, por exemplo, elogiou os soviéticos Ehrenburg e Gladkov, misturando-os em um grande balaio que chamou de "literatura afirmativa" ao lado dos novos prosadores estadunidenses, de escritores alemães expatriados e dos seus amigos romancistas editados pela José Olympio.

Ao mesmo tempo, a "crescente aproximação interamericana" para o estabelecimento de um "sadio nacionalismo" que Inojosa esboçara em sua carta-convite acabou se tornando matéria de reflexão para Oswald em "Banho de Sol". Ao comentar a recentíssima eleição do papa Pio XII (visto ainda como um continuador das propostas antirracistas de seu antecessor e não como o papa que muito em breve ficaria em silêncio diante do Holocausto), por exemplo, o escritor afirma que a "grande credencial" do pontífice foi ter apoiado, "junto aos católicos americanos, a figura admirável do protestante Franklin Delano Roosevelt".[7]

Oswald ainda aprovaria a aproximação política e comercial do Brasil com os Estados Unidos promovida pela visita de seu xará e chanceler Oswaldo Aranha a Washington naquele mês de março. Pela primeira vez, o escritor faria um aceno ao governo de Getúlio ao afirmar: "Hoje o Brasil se colocou, por força do Estado de Novembro, fora dos eixos revolucionários que tão gulosamente o cobiçavam. A nossa ligação com os interesses da América e das democracias é clara e insofismável". E continuava: "Impõem-se uma mobilização do espírito brasileiro contra esses inimigos da humanidade e da civilização que são adeptos de qualquer totalitarismo". No texto, Oswald celebrava, ao mesmo tempo, a aproximação de Vargas a Roosevelt e o desbaratamento, por parte do governo, das forças integralistas de Plínio Salgado, "um dos mais pavorosos reacionários que figuram na nossa crônica pitoresca [que] não queria transformar o Brasil, nem coisa alguma", mas sim "gozar de uma moradia chique" no bairro do Jardim América, em São Paulo. Oswald ficaria depois ainda mais satisfeito com a notícia da captura definitiva de seu arqui-inimigo predileto, seguida de extradição para Portugal em finais de junho. Mas o que o escritor não percebia, ou se proibiu de apontar, era a ambivalência de Vargas nas vésperas da Segunda Guerra. Enquanto Oswaldo Aranha assinava sua declaração de intenções na presença de Roosevelt em Washington, Getúlio reconhecia oficialmente o governo franquista ainda um mês antes da capitulação definitiva de Madri.

Interessado nas possíveis aproximações extraeconômicas entre Brasil e Estados Unidos, do seu posto de observador livre e marginal das iniciativas do Estado Novo no campo da cultura, Oswald sugere que o chanceler brasileiro "podia ter-se feito acompanhar na sua viagem, de uma elite intelectual que muito faria em ligação com as elites americanas". E completa: "O próprio Gilberto Freyre devia ser lembrado numa ocasião dessas. [...] Um professor americano teria dito: Mandai-nos rapazes e nós vos devolveremos Gilbertos Freyres!".[8]

Quando publicados *Casa-grande & senzala* (1933) e *Sobrados e mucambos* (1936), a recepção de Oswald não havia sido tão festiva como a de seus pares ideológicos Astrojildo Pereira e Jorge Amado; achou a obra de Gilberto Freyre hesitante, não concludente, semivisionária e semirreacionária.[9] Esta última característica teria escapado à maior parte dos leitores e demoraria mais algum tempo até ser endossada pela academia, que demonstraria como a perversidade colonial foi escamoteada pela falsa "democracia racial" imposta pela obra de Freyre.[10] Somente em 1946, já depois de se desligar do Partido Comunista, Oswald faria uma nova declaração acerca do autor de *Casa-grande & senzala*, ao apoiar a campanha de sua candidatura ao Prêmio Nobel de Literatura. Influenciado pelo pensamento de seu novo amigo Albert Camus, o paulista se convencera de que o caráter inconclusivo do sociólogo pernambucano era enfim uma vantagem. Afinal, nada seria "mais odioso do que o pensamento satisfeito e a obra que prova. Nada mais odioso do que a tese na obra de arte". O antes "hesitante e não concludente" *Casa-grande & senzala* se tornaria para Oswald "um grande livro, que marca a nacionalidade, um livro totêmico e raro".[11]

Em 1939, portanto, o escritor paulista se encontrava a meio caminho de absolver o pensamento freyriano. Nessa altura, admiraria em Freyre sua aposta numa cultura brasileira disposta a experimentar "outras temporalidades e novas sensibilidades"[12] mais de acordo com suas origens e seu habitat. Oswald escreveria em seu "Banho de Sol": "A nossa formação foi sem dúvida ditada pela Europa. Mas hoje a Europa está tão distante de nós como Marte. Tem os seus problemas diretos e candentes. Não custa olharmos mais de perto para o nosso próprio continente".[13] Foi munido do culturalismo norte-americano, da influência direta do "particularismo histórico" de Franz Boas, absorvido enquanto aluno na Universidade Columbia, que Freyre desenvolveria o seu "olhar estrangeiro e perquiridor" (nas palavras de Darcy Ribeiro)[14] para entender o Brasil. A intuição aguçada de Oswald também executaria, mas a seu modo antropofágico, uma recepção inesperada da impositiva herança europeia. Lidar de forma inédita com a identidade do Brasil era o que havia em comum entre os dois escritores, que partiam de lugares opostos. Se de um lado Freyre mapeou o patriarcalismo e inscreveu na história do país a "democracia racial", Oswald, de outro, concebeu a utopia do matriarcado e assombrou as últimas décadas brasileiras com a ideia da antropofagia. Em alguns pontos as duas trajetórias incomuns acabavam por se tocar, como, por exemplo, na afirmação de que a mundividência portuguesa era um ponto fora da curva da história ocidental (conforme será visto no próximo capítulo) e na busca por ressonâncias no pensamento e na cultura contemporânea dos Estados Unidos.

Oswald enxergava na política intervencionista do New Deal de Roosevelt, amparada pelo pensamento de John Maynard Keynes e John Dewey,[15] aquilo que Freyre defendia como o melhor da cultura estadunidense: o seu modo "ágil, pragmático e arejado"[16] de solucionar problemas. O que ele chamou de "afirmatividade" da literatura norte-americana dos anos 1930 seria, portanto, um reflexo direto dessa atitude, modelada subterraneamente pelos resultados do New Deal. Da mesma forma que no Brasil, parte da intelectualidade dos Estados Unidos daquela década se reconhecia no lado esquerdo do espectro político, animada a priori pelas contingências da Frente Popular da Guerra Civil Espanhola. O sistema literário anglo-americano também se interessou pelas disputas ideológicas, pelas posições políticas de seus autores e o reflexo delas em suas obras ao longo da década, pelo menos até a chegada do macarthismo. Oswald, instintivamente, vislumbrou uma relação despercebida entre os insumos do welfare state de Roosevelt e o comportamento literário da esquerda assistida por ele: uma revisão da história do modernismo literário dos Estados Unidos que seria levada a cabo somente no século XXI.[17]

Outro assunto relevante em "Banho de Sol" era Machado de Assis, cujo centenário foi objeto de uma série de homenagens e artigos na imprensa ao longo de 1939. Oswald compara-o a Leônidas da Silva, o Diamante Negro, enquanto "mestiço de fôlego, que nos tem honrado em cometimentos internacionais". Em coluna do dia 23 de março ele afirma: "[Não nos esqueçamos de] outro mestiço, que um pouco antes, silenciosamente, já nos tinha imposto à consideração do mundo. Refiro-me ao tipógrafo autodidata Joaquim Maria Machado de Assis".[18] Com a exceção de Graciliano e Marques Rebelo, que tocam o assunto de forma bastante sutil, quase imperceptível, Oswald foi o único cronista da imprensa brasileira que identificou e saudou abertamente Machado de Assis enquanto afrodescendente durante a efeméride de seu centenário. Duas semanas antes do elogio ao Machado "mestiço", o escritor paulista havia transcrito em "Banho de Sol" o discurso que proferiu em 1937 perante a Frente Negra Brasileira no Teatro Municipal de São Paulo. Posta em perspectiva, a sequência dos textos confirma que o seu apoio à causa não era festivo e fetichizante, como poderia soar se elaborados dez anos antes, mas sim parte essencial da revolução proletária brasileira por ele vislumbrada. Afirmações como "A grande missão que vos compete, negros, é baluarte de conquistas práticas à vossa liberdade teórica", "Sois a vanguarda dos que pedem justiça social, dos que exigem o acalento da liberdade, dos que querem trabalho, honra e cultura" e "A vossa heráldica, feita de tronco infame, das cadeias e do chicote, vos dá direitos enormes. [...] Recusai, como Zumbi, com o preço da própria vida, o clima infernal de qualquer escravidão",[19] estampadas no *Meio-Dia*, confirmam o ato de Oswald como algo excepcional entre a elite cultural branca e masculina dona de todas as colunas impressas nos jornais e, em sua vasta maioria, herdeira direita ou indireta, assim como o próprio Oswald o foi, do capital gerado pela escravocracia brasileira interrompida havia meros cinquenta anos.

Os periódicos mais representativos do panorama literário de 1939 eram todos novíssimos e genuinamente cariocas: *Diretrizes* e *Revista do Brasil* (em sua terceira fase) nasceram em 1938, *Dom Casmurro* era de 1937. Já o *Boletim de Ariel* e a *Revista Acadêmica* eram os "mais velhos": surgiram em 1931 e 1933, respectivamente. Embora de tiragem inferior em comparação à circulação dos grandes jornais da cidade, essas cinco redações serviram de palanque para as ideias dos escritores e jornalistas que constituíam uma nova geração de intelectuais no Rio de Janeiro. Da mesma forma, atraíam nomes já célebres, mas interessados em renovação, como Mário e Oswald, naturalmente. A paisagem literária era tão recente como exígua: saindo do escritório do *Meio-Dia*, na rua da Constituição, passando pelas livrarias José Olympio e Schmidt, por todas as redações dos hebdomadários citados e terminando o percurso no Bar Amarelinho (principal ponto de encontro dos escritores depois do expediente, na Cinelândia, onde também ficava *Dom Casmurro*), os pretensos rumos da literatura brasileira se davam num perímetro de apenas três quilômetros no centro do Rio de Janeiro. O espaço de circulação era restrito, mas a agitação dos colaboradores era constante.

Oswald de Andrade, desde antes da mudança para o Rio, já sabia da rivalidade existente entre as turmas de *Dom Casmurro* e da *Revista Acadêmica*. Tinha amigos mais leais na primeira, considerada mais intempestiva. Sob a direção de Brício de Abreu, Marques Rebelo foi seu redator-chefe até agosto de 1939, quando cedeu seu posto para Jorge Amado. Porém, de acordo com o repórter Joel Silveira, a "patota" formada por ele,

Wilson Lousada, Danilo Bastos, Franklin de Oliveira e Josué Montello era quem realmente mandava na redação.

Com um modesto mas eficaz alcance de 4 mil assinantes e cerca de 60 mil exemplares vendidos semanalmente, em termos comerciais *Dom Casmurro* se mantinha melhor do que a *Revista Acadêmica*. Esta, dirigida por Murilo Miranda desde o seu início, tinha periodicidade irregular e um único ponto de venda, a Livraria Schmidt. Nas palavras de Moacir Werneck de Castro, a *Acadêmica* "sobrevivia quase por um milagre".[20] Seu núcleo duro contava, além de Murilo e Moacir, com Carlos Lacerda e Lúcio Rangel. Lacerda, no entanto, estava isolado no campo da esquerda intelectual por causa de uma matéria de sua autoria (embora não assinada) publicada na edição de janeiro da revista *Observador Econômico e Financeiro*, na qual expunha detalhes sensíveis do PCB, ao qual era filiado. Expulso do partido, execrado pelos seus pares, o futuro governador do estado da Guanabara dispunha naquela altura apenas de pouquíssimos amigos, como Samuel Wainer, Rubem Braga, Moacir Werneck e Jorge Amado.[21]

Já o cronista musical Lúcio Rangel, nesse mesmo mês de janeiro, convencera Mário de Andrade a acompanhá-lo no grande show do Dia da Música Popular Brasileira. Mário se divertiu. Provavelmente cantou "A jardineira" junto com a multidão, mas achando todo o espetáculo musicalmente frívolo, distante da "coisa folclórica" que para ele era o verdadeiro cerne da música feita no país. Durante sua presença no Rio, o autor de *Macunaíma* manteve um diálogo constante e uma admiração perene em relação aos quatro rapazes da *Acadêmica*, todos vinte e poucos anos mais novos do que ele. Oswald, assim como Mário, figurava no conselho diretor da revista. Mas, desde a polêmica com Rossine Camargo Guarnieri, manteve-se afastado do periódico ao longo de sua estadia carioca. Por fim, o mensário *Diretrizes*, criação de Samuel Wainer, era uma revista híbrida de política, economia e cultura que produzia em separado o seu Suplemento Literário. Contava entre seus colaboradores não só com repórteres, mas também com editores e redatores-chefes de outras publicações, o que lhe conferia um caráter neutro e progressista.

Da mesma forma que Oswald, Mário de Andrade estreou como articulista na grande imprensa carioca em março de 1939. Entrou como substituto do romancista Rosário Fusco na meia página dominical dedicada à literatura no *Diário de Notícias*. Vivendo na capital do país havia nove meses, Mário admitia na correspondência com os amigos mais íntimos estar sob a influência de uma "depressão nervosa total", o que não o impedia de trabalhar em meio a crises de ansiedade: "Estudo e dou lições de dia e me alcoolizo de noite para poder dormir".[22] A melancolia que surgiu por conta do desmonte do Departamento Municipal de Cultura de São Paulo o acompanharia até a morte, em 1945. Após ter sido defenestrado do projeto ao qual havia dedicado três anos de sua vida, o escritor aceita, sob o signo da frustração, o convite para fazer parte do corpo docente da Universidade do Distrito Federal, lecionando filosofia e história da arte.

Longe de seu ambiente familiar e de sua vasta biblioteca paulista, Mário se instalou na Glória, no apartamento 46 do Edifício Minas Gerais, localizado na rua Santo Amaro, número 5, esquina com a rua do Catete. Vivia bem próximo da universidade, do Palácio do Catete e não muito distante do burburinho do centro da cidade. Além do *Diário de Notícias*, o autor de *Pauliceia desvairada* colaborou com frequência para *O Estado de S. Paulo*, para a *Revista do Brasil* e, claro, para a *Revista Acadêmica*. Em carta a sua amiga e *protégée* Oneyda Alvarenga, Mário afirmou que passou as semanas depois do Carnaval se recuperando de uma intervenção cirúrgica que lhe extraiu da perna um quisto sebáceo, quase fistuloso. O calor do final do verão e a lenta cicatrização o impediam de andar, mas não de escrever. Obstinado, aproveitou a convalescença para rascunhar a trama de um próximo romance chamado *Quatro pessoas*, enquanto estreava o seu novo espaço no *Diário de Notícias*. Em tom confessional, o polígrafo paulista dava início à sua nova função: "Chego à idade dos 45 anos com a esperança ainda pairante sobre a vida e os homens. De outra maneira não iria começar agora uma crítica, que imagino mais ou menos sistemática, do movimento literário do Brasil".

No texto, Mário revela que se arrepende do experimentalismo de *Macunaíma* ("Sinto que tive nas mãos o material de uma obra-prima e o estraguei") e, na sequência, se confessa agnóstico, afirmando que Deus "é de uma entidade verdadeiramente sobre-humana" cuja "inteligência [o escritor] não consegue alcançar" por se tratar "de uma grave superioridade silenciosa". Despejado o lamento pessoal, o escritor termina o texto apontando qual seria o seu principal exercício no jornal carioca, a soberania da crítica: "Ela não deverá ser nem exclusivamente estética nem ostensivamente pragmática, mas exatamente aquela verdade transitória, aquela pesquisa das identidades 'mais' perfeitas, que ultrapassando as obras, busque revelar a cultura de uma fase e lhe desenhe a imagem". E divide a má crítica do país, fruto de "malabarismos políticos da nossa atual literatura", em duas metades: "a timidez de uns vagos socializantes" e "os berros verdes e estuporados de uns fascistizantes", acusando, por fim, "a fragilidade moral de quase todos".[23]

Na vida literária de 1939, cerca de dez nomes poderiam ser considerados críticos avant la lettre no Brasil. Lemos Brito, Modesto de Abreu, Lobivar Matos, Harold Daltro, e os fixos Almir de Andrade (*Revista do Brasil*), Elói Pontes (*O Globo*), Jaime de Barros (*Diário da Noite*) e Wilson Lousada (*Dom Casmurro*) estariam entre os mais representativos, ao lado de Mário e de

Alceu Amoroso Lima, este regressando à vida literária. Naquele ano, após um longo hiato, Alceu retomou a sua atividade como o crítico Tristão de Athayde em *O Jornal*, mas de forma burocrática, eivada de conservadorismo católico, que acabou frustrando os seus leitores de outrora. A escrita estava longe de ser a primeira prioridade na vida de Alceu em 1939. Estava atrás de suas funções de presidente da Ação Católica Brasileira, reitor da Universidade do Distrito Federal (substituindo Anísio Teixeira após sua demissão, contribuindo para a infelicidade de Mário de Andrade, professor da instituição) e imortal da Academia Brasileira de Letras.

Dada a derrocada de Tristão de Athayde, Mário se tornou o principal crítico literário do país. Com obstinação notoriamente superior à de seus pares, o autor de *Macunaíma* era estrangeiro e não se submetia aos humores da atmosfera da capital das panelas literárias, apesar do acolhimento que recebia de algumas e da recusa de outras. Acima de tudo, Mário era dotado de um "esforço maior e mais bem-sucedido" em suas análises, conseguindo ajustar, apesar do tumulto da cena literária, "numa posição única e coerente os dois projetos do modernismo, compondo na mesma linha a revolução estética e a revolução ideológica, a renovação dos procedimentos literários e a redescoberta do país, a linguagem da vanguarda e a formação de uma literatura nacional".[24] Contudo, a capacidade de Mário de observar a literatura de seu tempo acima da bipolaridade "socializante" versus "fascistizantes" refutava as convicções de Oswald. Sentindo-se pessoalmente atingido pela acusação da "fragilidade moral de quase todos" os escritores, o autor de *Marco zero* abriria novamente fogo contra Mário na imprensa. Uma semana depois, num espaço anômalo do *Meio-Dia* denominado de "Panorama da Crítica" ele escreveria:

Crítico que reaparece nas colunas de jornais é o sr. Mário de Andrade. Beirando o cinquentão, o autor de *Macunaíma* entra na era psicanalítica. Começa a se explicar, a se confessar e a revelar todo o vazio de sua vida pequeno-burguesa. Desmontado, esse grande boneco do modernismo não desperta nenhum interesse. O sr. Mário de Andrade para famílias, recreativo e banal, não passa de um desses produtos dramáticos-ingênuos da nossa classe média que usam bentinho no pescoço e se evadem pela escada de cordas da noite solitária.[25]

A violência do artigo esbarraria novamente na decisão definitiva de Mário de nunca mais ler qualquer ataque dirigido a ele, principalmente vindo de Oswald. Um ano antes de sua morte, ele confessaria por carta a Murilo Miranda que a língua ferina de seu ex-amigo "era demais, sim, eu nunca li mas sei que era demais. Porque sei que se trata dum indivíduo que é em toda a rica extensão da palavra 'miserável', tanto usada pra leprosos, como pra qualquer indigente ou qualquer bandido: esse miserável".[26] No mês seguinte, sem revidar ao ataque de Oswald, Mário estava bem-humorado no Amarelinho respondendo entre goles de chope a uma entrevista de Joel Silveira:

Sua obra tem recebido muitas restrições e ataques?

Se tem, não sei. Nunca leio ataques à minha obra nem cartas anônimas. Só leio elogios. Quando me perguntam a razão desse método, respondo que leio os elogios porque eles não me impedem de guardar a opinião que tenho sobre minhas próprias obras; não leio os ataques porque podem ser verdadeiros e não leio cartas anônimas porque tenho receio de modificar o juízo otimista que faço da humanidade.[27]

Em agosto, porém, Mário seria alvo de nova contenda, não pelas mãos de Oswald, mas pelos seus correligionários de *Dom Casmurro*. A equipe editorial tomou as dores da crítica do autor de *Macunaíma* publicada no *Diário de Notícias* direcionadas às minúcias formais, julgadas como erros de principiante, do livro de estreia do próprio Joel Silveira. Não assinada, mas aprovada por Jorge Amado, a resposta à crítica de Mário dizia:

> Mário de Andrade na sua crítica não foi procurar [no livro de Joel] a mensagem que no seu livro trazia para os homens. Delicado e detalhista ficou atrás das palavras "falsas", dos termos que soaram falsos aos seus ouvidos de esteta e professor de música. Ouvido granfino e educadíssimo.[28]

Quinze dias depois, o escritor paulista responderia ao "anônimo":

> Sou incapaz de indiretas grosseiras, e não me refiro, pois, a quem escreveu a nota, pessoa que sempre admirei e continuo admirando, como romancista, o sr. Jorge Amado. [...] A literatura brasileira está numa fase de apressada improvisação, em que cultura, saber, paciência, independência (só pode ser independente quem conhece as dependências) foram esquecidos pela maioria. E foi principalmente esquecida a arte, que por tudo se substitui: realismo, demagogia, intenção social, espontaneidade e até pornografia.[29]

A tréplica de *Dom Casmurro* viria ainda anônima e novamente atacando Mário com palavras mais claras de cunho homofóbico e racista ao chamá-lo de "sub-Wilde mestiço", e complementando que "no momento atual do mundo a questão 'forma na obra de arte' não é evidentemente questão primordial. O importante é a mensagem do artista, o conteúdo de sua obra, muito mais que sua forma".[30] Porém, em retrospecto, conforme já mapeava a crítica de Mário de Andrade, a tendência da prosa brasileira sugeria um movimento diverso daquele convencionado pelas tensões dos romances regionalistas, em grande parte cíclicos, iniciadas com a década que agora acabava. A década de 1940 à espreita traria à baila o dito romance psicológico, no qual as pressões do meio social e da natureza dariam lugar à subjetivação do conflito pelas personagens.[31] Nas palavras de Mário, a prosa brasileira trazia sinais de que se adestrava cada vez mais na introspecção, normalizando a "pesquisa do indivíduo interior". Como exemplo, o autor de *Macunaíma* cita os pormenores de *Angústia*, de Graciliano, e a obra de Cyro dos Anjos. Naquela altura, Oswald tinha em mãos os datiloscritos do romance também "psicológico" de Mietta Santiago, *Maria Ausência*, para prefaciar. Acumulando episódios e personagens para a execução de *Marco zero*, o escritor também já suspeitava da viragem em curso e precisava acelerar a composição de seu ciclo antes que perdesse o bonde da história, que tanto tentava domar.

Do outro lado, sentindo os reflexos de sua depressão carioca, Mário de Andrade admitia aos mais íntimos que vinha sofrendo de mania de perseguição; achava que iria preso mais cedo ou mais tarde por conta de sua insatisfação profissional e insubordinação política. Porém, os que foram de fato assediados pela polícia e acusados de comunistas pela intelectualidade estado-novista e nazifascista eram os redatores de *Dom Casmurro*.[32] Nas trincheiras ideológicas, o grupo já havia preterido a visão superlativa de Mário e escolhido o combate virulento de Oswald.

Durante seus respectivos protagonismos na imprensa carioca, os dois decanos do modernismo concordaram em apenas três assuntos: a qualidade do romance de estreia de Emil Farhat, *Cangerão*, as deficiências da trilogia teatral *Três tragédias à sombra da cruz*, de Otávio de Faria, e o calor praticamente insustentável do verão carioca que, sem trégua, avançava sobre o outono. Enquanto Mário reclamava privadamente por meio de cartas aos amigos paulistas que o suor crônico o deixava desmoralizado, Oswald dedicou ironicamente uma coluna inteira de "Banho de Sol" aos malefícios do próprio banho de sol.

Fora dos jornais, os novos ares do Rio de Janeiro pareciam promissores para o casal Guerrini-Andrade. Além da aguardada publicação do primeiro livro de Julieta pela José Olympio, ainda no primeiro semestre do ano, Oswald firmaria com Cláudio de Souza a sua ida ao encontro internacional do PEN Club enquanto representante do Brasil no início de setembro em Estocolmo, na Suécia. Em duas oportunidades o escritor, não à toa, dedicaria seu "Banho de Sol" às idiossincrasias de sua controversa admissão à nova agremiação. Na primeira, comentou sobre um dos vários jantares no Cassino da Urca oferecidos pela organização, no qual era celebrada a entrada do sócio Clementino Fraga na Academia Brasileira de Letras. Oswald festejou o fato de se sentir modernamente em casa ao perceber que "o tipo de escritor encabulado que põe cabeleiras de albatroz nos cafés da velha boemia já passou". A segunda vez foi em seu último texto para o jornal de Inojosa, no dia 15 de junho. Sem se despedir dos leitores, Oswald fez uma defesa do PEN Clube do Brasil.

No encontro internacional ocorrido em maio, em Nova York, a delegação brasileira foi representada por Victor de Carvalho, escritor brasileiro que vivia nos Estados Unidos, mas não era associado ao clube. "Um mariquinhas", "uma figura grotesca", segundo Oswald, que desandou a falar mal da instituição para um jornal soviético logo após o grande encontro. O texto termina afirmando que o PEN Clube do Brasil deveria mostrar ao mundo que não era "uma simples casa de tertúlias trocadilhistas".[33] No entanto, o mundo de intrigas das letras nacionais discordava. Comentava-se que, em troca da associação ao clube e da futura viagem para Estocolmo, Oswald "ensaiava a reabilitação literária" de Cláudio de Souza e de seu "renegado livro de estreia", *Pater*.[34] A afirmação vinha do cronista Osório Borba, que no mês anterior havia exposto em *O Jornal* as aspirações nababescas da confraria de Cláudio de Souza:

> Pelo que a gente sabe e lê nos jornais, o nosso PEN Clube é uma sociedade literária e recreativa, composta na sua maioria — parece — de pessoas que sentem necessidade de pertencer a uma associação de "intelectuais", tomar parte em tertúlias, ser chamadas de "ilustre confrade" como nas Academias. Velhos amadores das artes poéticas e da prosa das horas vagas, graciosos diletantes da caneta, homens ricos e senhoras chiques em busca de uma ocupação para o cérebro.[35]

Oswald não dava o braço a torcer e se manteve firme em seu propósito. Sabia que internacionalmente o PEN Club era a associação de maior relevo político nas letras mundiais, muito graças ao espírito combativo de seu presidente (e amigo de Oswald), Jules Romains. O escritor e pacifista francês acabou se tornando destaque na imprensa internacional em 1936 ao bater boca com o poeta futurista Filippo Marinetti, que, à sua maneira fascista, fazia desbragadamente apologia à guerra durante o congresso internacional do PEN em Buenos Aires naquele ano.

Dada a ameaça recente de Hitler de expandir ainda mais o território alemão agora em direção à Polônia, o encontro de Estocolmo naquele ano teria uma importância maior do que o de Nova York e levaria à capital sueca um número superior de escritores em comparação ao que estivera presente nos Estados Unidos. Na Suécia, Oswald teria a oportunidade de estar lado a lado não só de Romains, mas também de Thomas Mann e H. G. Wells, entre outros nomes. Para tanto, despedia-se do *Meio-Dia* para cuidar da saúde, maltratada pelo calor e pelos vícios da metrópole carioca, prejudiciais à sua diabetes e à sua obesidade. Na companhia de Julieta, viajou então para o sítio da família Guerrini em São Pedro, vila vizinha a Piracicaba, em São Paulo, para que pudesse repousar.

Quase dois meses depois, no início de agosto, de volta ao apartamento ainda sem mobília do Leme, o casal teria pouco tempo para dar conta dos preparativos da viagem. Embarcariam logo, no dia 7, no vapor *Almeda Star*, ancorado no cais do Touring, na praça Mauá. O navio fazia parte da frota da Blue Star Line, um empreendimento britânico com sede em Buenos Aires, que desde os anos 1920 navegava entre a Inglaterra e a América do Sul. Um dia antes de o *Almeda* zarpar em direção a Londres, Oswald e Julieta convidaram os amigos mais próximos para uma breve festa de despedida a bordo do vapor. Graciliano Ramos, presente no encontro, anotaria: "Enquanto Julieta Barbara distribuía volumes do seu último livro de versos, Oswald, entre boutades e risos, falava a respeito do congresso do PEN Club que ia se reunir em Estocolmo".[36] Por conta do repouso em São João, Julieta não teve a oportunidade de ver *Dia garimpo* chegar da gráfica diretamente para a vitrine da livraria de José Olympio. Ao que parece, a reunião foi a única oportunidade na qual a poeta pôde comemorar a publicação de seu livro entre amigos e escritores. Após a festa, Oswald escreveria para seu filho Nonê, que estava em São Paulo, explicando-lhe o itinerário programado para a viagem a Europa:

> Quanto aos endereços, espero ter cartas aéreas em Lisboa (bordo do *Almeda Star* — Blue Star Line — Lisboa, Portugal) e em Londres. Você calcula o tempo. Eu chego a Londres a 23 e espero ficar aí até 27. Não havendo nada de urgente é

melhor depois de Lisboa, encaminhar a correspondência que deve chegar até o fim do mês lá, para a Embaixada Brasileira em Paris. Pergunte na Vasp o tempo exato da chegada das cartas. Em caso de urgência, uma carta telegráfica é fácil. O melhor mesmo é você mandar agora na viagem para Lisboa e depois tudo para Paris. A embaixada mandará para onde eu estiver, eu combinarei lá os endereços. Londres, Estocolmo, não achas?

A frota da Blue Star Line mantinha saídas regulares de Londres para a América do Sul com escalas no Funchal, Rio de Janeiro, Santos, Montevidéu e Buenos Aires. No percurso contrário, no qual Oswald e Julieta acabavam de embarcar, o *Almeda* em particular ancorava brevemente em Lisboa antes de chegar a Londres, seu destino final. A ida para Paris escapava tanto ao programa do encontro do PEN Club, quanto, logicamente, ao itinerário do vapor: era um desejo pessoal de Oswald pisar mais uma vez na capital francesa. Não sabia ele, mas seria a última vez que veria Paris e a Europa. Por sua vez, Julieta Barbara nunca antes havia saído do Brasil.

No dia 12 de agosto, com o *Almeda* já em alto-mar, *Dom Casmurro* trazia a notícia da viagem do casal. A combinação com Jorge Amado era que Oswald enviaria da Suécia uma série de crônicas sobre o congresso a serem publicadas com exclusividade pelo hebdomadário. O compromisso não pôde ser mantido. Na verdade, o escritor jamais pisaria em Estocolmo.

4.
A guerra invisível

No dia 23 de agosto, o *Almeda Star* ancorava no cais Victoria no rio Tâmisa, em Londres. Naquela tarde os jornais ingleses traziam notícias de um canhestro "pacto duradouro" entre Alemanha e União Soviética. Eram informações ainda não oficiais acerca do encontro do ministro alemão das Relações Exteriores, Joachim von Ribbentrop, com seu congênere russo, Viatcheslav Molotov, na presença de Ióssif Stálin, que ocorria naquele exato momento, no Kremlin, em Moscou. Chamberlain e Daladier, ainda esperançosos na manutenção da paz no continente, concordavam que o tal realinhamento não seria uma manobra tática, mas "um evento de importância histórica, decisivo para as futuras relações entre russos e alemães", de acordo com a capa do *Daily Herald*, que concluía: "O sucesso das negociações garante o caráter duradouro da amizade de ambas as partes".

Redigido em sete parágrafos sucintos, o Tratado de Não Agressão entre a Alemanha e a União das Repúblicas Socialistas Soviéticas era algo surpreendente para Inglaterra, França e Estados Unidos. Já para nazistas e comunistas era totalmente impensável. "O capitalismo pode ter merecido isto, mas nós não", anotaria Ilya Ehrenburg nas suas memórias, citando Charles Rappoport.[1] Desde *Mein Kampf*, Hitler entendia o comunismo como principal inimigo e real motivo para empreender o expansionismo nacional-socialista sobre o continente. Stálin sabia que seus seguidores receberiam mal as notícias daquela tarde e se sentiu na obrigação de perguntar a Ribbentrop: "O senhor não acha que precisamos prestar um pouco mais de atenção na opinião pública em nossos países? Passamos anos jogando baldes de excremento na cabeça um do outro".[2]

O fog da manhã aos poucos se desfazia e o sol do final de verão começava a se refletir sobre o Tâmisa no início da tarde daquele 23 de agosto. Do outro lado da cidade, Thomas Mann, já mais adiantado com os preparativos para o encontro do PEN em Estocolmo, acabava de sair do consulado sueco. Ainda naquele dia embarcaria com destino a Gotemburgo no pequeno navio *Suecia*, ancorado no cais Millwall, que ficava a cinco quilômetros do local onde Oswald e Julieta haviam desembarcado pouco antes. Na checagem de passaportes, o Prêmio Nobel alemão perceberia uma anormal quantidade de suecos ansiosos por retornar ao seu país natal. "É provável que o pacto contenha a cláusula que proíbe o ataque a terceiros", anotou Mann em seu diário já a bordo do navio, em direção ao canal da Mancha. E concluiu: "Continuo a duvidar de que haja guerra. Mesmo com a neutralidade da Rússia, a guerra ainda seria uma aposta selvagem para os nazistas. Além disso, Stálin certamente não é a favor da divisão da Polônia. O mundo do futuro — ou assim parece — e o mundo do passado estão agora se confrontando".[3]

Em março daquele ano, Adolf Hitler teria dito ao coronel Berg, ministro das Relações Exteriores polonês, que "Danzig era alemã, permanecerá sempre alemã e, cedo ou tarde, será reincorporada à Alemanha". De maneira análoga ao surgimento da Tchecoslováquia, em 1919, o Tratado de Versalhes ratificara a fundação da Segunda República Polonesa, composta de retalhos dos territórios do antigo Império Austro-Húngaro, da Alemanha e da Rússia tsarista. Um corredor continental sobre a Pomerânia conferia à novíssima Polônia o acesso ao mar Báltico, tendo a Cidade Livre de Danzig como seu principal porto. Porém, tanto o famoso Corredor Polonês quanto Danzig tinham feito parte do território germânico antes da Primeira Guerra. Hitler seguia no seu propósito de descumprir o que havia sido firmado em Versalhes, reiterando a "imposição injusta" à qual fora submetida a soberania alemã. Cautelosa, a Polônia, desde então, acreditava que a questão de Danzig estava fadada a provocar uma crise futura. Afinal, assim como fizera com o Tratado de Versalhes, a Alemanha muito provavelmente também não respeitaria o tratado mútuo de não agressão assinado com o país em 1934, com validade de dez anos. Na fronteira oriental, a situação polonesa também não era nada confortável. A União Soviética se mostrava favorável à extinção do jovem Estado polonês, que havia consumido territórios de população predominantemente russa. Por debaixo dos panos, as ponderações do Estado polonês tinham razão. No mesmo dia da assinatura do pacto de não agressão em Moscou, Ribbentrop e Molotov assinaram um protocolo secreto que dividiria, entre a União Soviética e a Alemanha, a Polônia e os países bálticos em iguais esferas de influência. Os poloneses, fracassadas as interferências diplomáticas francesas e britânicas e sem sua ajuda militar prévia, dependiam apenas de si mesmos para evitar a invasão nazista. O país, porém, mantinha um alto investimento financeiro voltado para as Forças Armadas. Era visto pelo Ocidente como uma nação beligerante, e talvez o único capaz de esmorecer o descomedimento expansionista de Hitler antes que uma guerra continental fosse deflagrada.

Na manhã do dia 24 de maio, no Rio, estavam na redação de *Diretrizes* Samuel Wainer, Moacir Werneck de Castro, Joel Silveira, Jorge Amado e Otávio Malta, todos incrédulos com as notícias vindas do Kremlin. De acordo com Silveira, na sala tentavam convencer uns aos outros de que eram "ordens de Moscou", que "Stálin deve saber o que faz", afinal "deve ser uma estratégia, deve ser tática".[4] Em Paris, a notícia deixou

Ehrenburg (que era de origem judaica) severamente debilitado: "Naquele dia adoeci com uma doença que os médicos não podiam diagnosticar: durante oito meses não pude comer, perdi cerca de vinte quilos. As roupas pendiam de mim como de um cabide".[5] Na Rússia, o *Pravda* estampava uma fotografia de Stálin, Molotov e Ribbentrop, todos sorridentes. Os jornais de Berlim informavam a população que a União Soviética era agora uma nova aliada do Reich.

No mesmo dia, na Inglaterra, Chamberlain, caindo em si, mudou o tom de sua ladainha pacificadora ao perceber o perigo iminente e decidiu alarmar os seus concidadãos. A imprensa britânica, além de esmiuçar os detalhes do pacto teuto-soviético, trazia as novas medidas do governo que deveriam ser adotadas pela população nos próximos dias. Restrições de iluminação eram as mais urgentes: letreiros luminosos deveriam permanecer constantemente apagados, janelas residenciais e comerciais deveriam ser cobertas com pelo menos duas camadas de papel de seda branco. Enquanto os planos de precaução contra possíveis ataques aéreos estavam ainda em discussão em Downing Street, linhas telefônicas do sistema de alerta do governo eram disponibilizadas para a população tirar dúvidas. Os moradores de Londres foram obrigados a erguer o quanto antes os abrigos antiaéreos de suas respectivas vizinhanças. Uma gigantesca greve dos ferroviários, prevista para o sábado, dia 26, foi imediatamente cancelada. Virginia Woolf, que por acaso perambulava pela cidade, se surpreendeu com a indiferença da população diante das ameaças. "Nenhuma agitação nas ruas. Somos como um rebanho de carneiros. Sem entusiasmo. [Vivemos sob] uma passiva desorientação."[6] No retorno a sua casa em Rodmell Hill, Virginia notaria que os trens estavam mais vazios do que de costume e que próximo à sua rua fora instalado um enorme holofote para patrulhar os céus. Enquanto isso, nenhuma notícia vinha da Suécia acerca do cancelamento ou não do encontro internacional do PEN Club. Também pelas ruas da cidade, Oswald e Julieta testemunharam, estarrecidos, a distribuição de máscaras contra gás para a população "enervantemente fria" de londrinos. No domingo, soube-se que no aeroporto de Croydon desembarcaram 1500 ingleses vindos da Europa continental — o triplo de sua capacidade diária. Enquanto caças da Força Aérea Real vigiavam os céus, uma longa sequência de aviões da Imperial Airways aguardava no ar por no mínimo vinte minutos a permissão para aterrissagem. Aeronaves extras foram postas em circulação na tentativa de dar conta da evasão de britânicos vindos da França. Oswald e Julieta, sem ter a quem recorrer na cidade, resolveram aproveitar o fluxo contrário: ir para Paris de avião. Em carta para a família de Julieta, o casal faz troça entre si, minimizando a escalada dos acontecimentos. Enquanto Oswald afirma que Julieta "quer ver a guerra de pertinho, aconteça o que acontecer", Julieta retruca no mesmo tom: "Eu preciso brecar esse homem!" e comunica à mãe que "dará para chegar em Paris".[7] Na terça-feira, dia 30, foi finalmente confirmado o cancelamento do congresso em Estocolmo. Poucos dias depois, todos os voos para fora da Inglaterra foram cancelados. Uma nota entregue pelo embaixador britânico ao Führer advertia que o novo acordo com a Rússia não faria diferença em relação ao compromisso da Grã-Bretanha de defender a soberania polonesa. No entanto, ao final da mesma nota, era feito um último apelo para que, caso o líder alemão buscasse uma solução pacífica em suas diferenças com a Polônia, a Grã-Bretanha cooperaria imediatamente com quaisquer desses esforços. A portas fechadas, Chamberlain acreditava que o Exército nazista seria vitorioso numa guerra breve contra a Polônia, mas certamente perderia numa guerra longa. Superando expectativas, em uma semana Hitler já havia tomado Danzig, o Corredor Polonês e conquistado Varsóvia. Nessa altura, porém, Oswald e Julieta já estavam em solo francês, mas igualmente em apuros.

Na sexta-feira, dia 1º de setembro, enquanto as tropas de Hitler marchavam sobre a Polônia, em Estocolmo o prefeito oferecia um almoço para Thomas Mann. Entre os convidados estava o seu amigo Bertolt Brecht. Exilado desde o dia do incêndio do Reichstag, em fevereiro de 1933, Brecht tentara se estabelecer na Áustria, na Dinamarca e, finalmente, na Suécia (onde viveria por pouco tempo, até conseguir na Finlândia um visto para se mudar para os Estados Unidos, onde Thomas Mann já vivia). Falou-se sobre o cancelamento do encontro internacional dos PEN Clubs, mas principalmente sobre a anexação da Polônia por parte da Alemanha. Mann expôs sua opinião contrária ao pacto Ribbentrop-Molotov e um brinde entre os convidados foi oferecido, "desejando que tudo corra bem" na Europa. Na rádio alemã, após um discurso de Hitler "surpreendentemente inseguro", de acordo com Brecht, marchas militares foram tocadas ad infinitum, "criando uma atmosfera mortuária".[8] Ao mesmo tempo, em Londres a BBC dava instruções à população sobre como deveria ser feita a evacuação da cidade. H. G. Wells, que já estava em Estocolmo desde agosto, conseguiu nesse mesmo dia tomar um avião para Amsterdam e lá permaneceu até meados de setembro, quando finalmente embarcou num vapor rumo à sua Inglaterra natal.

O discurso que o autor de *A guerra dos mundos* acabou não fazendo em Estocolmo foi publicado na imprensa poucos dias após o início da guerra. Intitulado "A honra e a dignidade da mente humana", o texto de cunho pacifista expunha os conflitos políticos e humanos de uma guerra ainda latente sob a luz de seu posicionamento político sui generis. Utopista quase anacrônico, o escritor inglês defendia o fim do nacionalismo e da luta de classes em nome de um "Estado mundial único". Na fluidez político-ideológica característica da década, afirmava que tais ideias estavam de acordo com uma visão liberal-socialista do mundo. Mas, mesmo tendo conhecido e conversado pessoalmente com Stálin, Wells era demasiado liberal para acatar a plenitude do socialismo soviético. Chamaria a União Soviética de autocracia egocêntrica, dona de um partido político disciplinado até a morte. No início dos anos 1930, tinham ficado famosas suas afirmações de que o mundo precisava de "fascistas liberais e nazistas esclarecidos". Os termos incongruentes foram cunhados antes da ascensão de Hitler e em 1939 se tornaram definitivamente insustentáveis. O ingênuo propósito de seu autor não era incutir nos liberais (ingleses como ele) a vilania do fascismo, mas que assimilassem sua univocidade característica. A recepção de H. G. Wells, portanto, se tornou confusa na esquerda intelectual mundial. Enquanto Jorge Amado estendia os elogios do Wells ficcionista ao Wells orador em artigo na revista *Dom Casmurro* sobre o discurso não proferido, Bertolt Brecht, na mesma semana, em seu diário, o chamou de "filisteu monumental", que, "por meio de um mínimo de destreza em assuntos literários", conseguia "dar a impressão de bom senso" diante da tragédia mundial.[9]

Thomas Mann também publicaria naquele ano o seu discurso não proferido em Estocolmo, chamado "O problema da liberdade". Nele, o Prêmio Nobel de 1929 afirmava que liberdade e igualdade deveriam ser combinadas e não entendidas como valores conflitantes aplicados à dicotomia individualidade e coletividade. Tal combinação, para Mann, seria possível somente a partir da aplicação do preceito cristão de que "todos são iguais perante Deus". Nessa conciliação residiriam enfim os valores da democracia, grande força oposta à destruição dos fundamentos civilizacionais agenciada pelo nazismo. Desde 1933, Mann, Brecht e outros escritores alemães preocupados e/ou expatriados com o advento de Hitler se reuniam com alguma frequência nas capitais europeias para discutir como a classe literária poderia, de fato, derrubar o regime alemão. Com o tempo entenderiam que pouquíssimo poderia ser feito na prática e os encontros serviriam apenas para a manutenção de suas respectivas convicções éticas e de sua saúde mental.[10]

Já Oswald de Andrade, ao que parece, não tinha nada além de notas e ideias, e não concluiu discurso algum para o encontro do PEN Club. Diria mais tarde à imprensa que, uma vez em Estocolmo, gostaria de ter chamado a atenção "para as vozes dos países longínquos e geralmente relegados pela literatura de classe para um plano de inexistência".[11] Com o crescimento excepcional do número de nações associadas ao bem-sucedido clube internacional de escritores, o possível discurso de Oswald poderia alcançar grande ressonância. Além da delegação brasileira, estavam a caminho da Suécia representações da Argentina, Austrália, Bolívia, Egito, Índia, Iraque, Japão, México, Nova Zelândia e Palestina, entre outros países não europeus. As motivações do autor de *Serafim* haviam surgido por conta da leitura recente do livro *O burguês*, de autoria do economista e sociólogo alemão Werner Sombart. Dele, o escritor paulista replicaria a ideia de que, sem as reservas sul-americanas de ouro e prata, o desenvolvimento do espírito capitalista europeu teria seguido caminhos muito diferentes. Segundo Sombart, "não fossem as descobertas de jazidas de metais preciosos nas montanhas e vales do Brasil, a questão econômica moderna não teria ocorrido".[12] De acordo com Oswald, "produzimos esse cometimento devido a termos sido o maior mercado de escravos do mundo moderno. Mandamos o ouro e ficamos com os escravos, melhor, ficamos escravos desse homem que produzimos — financista europeu".[13]

A premissa lhe caiu como uma luva para a parte inicial de *A arcádia e a Inconfidência*, sua tese para concurso da cadeira de literatura brasileira da USP, publicada em 1945. Nela, Oswald cita o trabalho de Sombart e afirma que o Brasil, além de fornecer o ouro para Portugal, forneceria também escritores, pensadores e inventores extraordinários, "precursores históricos da nossa emancipação intelectual e da nossa espiritualidade".[14] Na época em que publicara *O burguês*, em 1913, Werner Sombart fazia parte do círculo de Max Weber, juntamente com outros proeminentes intelectuais alemães. Citar o nome de Sombart em 1939, porém, teria gerado certo constrangimento diante de Thomas Mann. O economista alemão havia publicado em 1934 *Deutscher Sozialismus*, livro em que louvava as capacidades do nacional-socialismo alemão. Embora tenha revertido sua opinião política já em 1938, seu nome ficaria manchado e associado a outros pensadores alemães simpáticos ao regime hitlerista, como Martin Heidegger e Carl Schmitt.

Assim como em relação ao nazismo incubado do jornal *Meio-Dia*, Oswald era completamente alheio à trajetória de Sombart. A guerra poupou o escritor paulista de uma possível controvérsia, mas, ao mesmo tempo, o privou da chance de discutir uma variada gama de assuntos em comum com Thomas Mann, H. G. Wells e, quem sabe, Bertolt Brecht, este ainda praticamente desconhecido no Brasil. Infelizmente o dramaturgo alemão e Oswald de Andrade só viriam a se encontrar postumamente, algumas décadas mais tarde, na crítica comparativa de Roberto Schwartz e Haroldo de Campos e na coxia do Teatro Oficina, de José Celso Martinez Corrêa, durante as montagens consecutivas de *O rei da vela* e *Galileu Galilei*, entre 1967 e 1968.

Em Paris, Oswald e Julieta procurariam em vão por Jules Romains, que já havia escapado para a cidade de Tours dias antes. O casal chegaria à noite e encontraria a Cidade Luz às escuras, povoada de rumores. "Falava-se em guerra de gases, de micróbios, de líquidos", contaria Oswald.

Os *boulevards* [estavam] desertos, como se todos os dias fossem domingos. Em compensação as estradas [eram] ocupadas por longas filas de automóveis de todas as raças, feitios, épocas e tipos, caminhando devagar, uns atrás dos outros, como se fizessem o corso de Terça-Feira Gorda na avenida Atlântica. Parisienses [fugiam] a caminho do interior, da província. [...] Toda a noite e todo o dia, o asfalto da estrada estremecia, palpitava, com a fuga dos automóveis.[15]

Era inútil a busca por outros antigos amigos, que, além de Romains, na década anterior, frequentaram efusivamente o ateliê de Tarsila do Amaral. Fernand Léger havia se mudado para Nova York fazia alguns anos. Brancusi também estava em Manhattan: era o artista convidado da exposição Art of Our Time, promovida pelo MoMA. Jean Cocteau tinha recentemente se mudado para Dax, cidade próxima à fronteira com a Espanha. O poeta Jules Supervielle, por motivos de saúde, se antecipara ao exílio que acabaria se impondo por conta da guerra e já estava havia um mês no Uruguai, sua terra natal. Por fim, o colecionador Ambroise Vollard morrera dois meses antes, num acidente automobilístico, enquanto voltava de Tremblay-sur-Mauldre para Paris, já bastante preocupado com o que fazer caso sua coleção de 10 mil obras de arte caísse nas mãos dos nazistas.

Havia ainda Blaise Cendrars. Uma aproximação com o escritor francês seria uma possibilidade para Oswald somente em caso de grande aperto, como de fato a situação se configurava. Porém, o autor de *Moravagine* vivia isolado havia mais de um ano em Brognon, na fronteira com a Bélgica. Lá, entre outras coisas, acabara de concluir *La Vie dangereuse*, livro de relatos que meses depois ganharia uma crítica elogiosa de sua amiga Tarsila nos jornais brasileiros. Cendrars voltaria para Paris somente em dezembro daquele ano, em uma fugaz escala rumo a Londres, onde atuaria como correspondente de guerra. Nunca mais Oswald o encontraria.

Finalmente, com a ajuda de conhecidos na embaixada brasileira, o casal conseguiria um lugar para dormir na comuna de Ville d'Avray, a quinze quilômetros de Paris, enquanto elaborava um plano para escapar de vez da guerra que se aproximava.

Tantas ausências não eram sem motivo: estima-se que nos primeiros dias de setembro cerca de meio milhão de parisienses deixou a cidade. Do dia para a noite as estradas ficaram congestionadas. Nas principais gares, o maior número possível de trens foi disponibilizado aos cidadãos na tentativa de dar conta do êxodo abrupto. No caminho contrário, outras tantas pessoas, em menor quantidade, voltavam à capital para sacar suas poupanças, recolher seus pertences mais valiosos e reforçar as trancas de seus apartamentos vazios. A cidade fervilhante e luminosa da década anterior, descrita por Hemingway e vivenciada por Oswald, já não parecia existir. Paris enfrentava uma recessão econômica desde 1932. A eleição do primeiro-ministro socialista Léon Brum, predecessor de Daladier, destemperou os ânimos da direita francesa, já contaminada pela escalada galopante do fascismo. Nos estertores explosivos da Terceira República, a rua se tornou palco recorrente de confrontos e manifestações. Com a ascensão de Hitler, aristocratas parisienses vociferavam que um governo controlado pelo Reich seria melhor para o país do que a esquerda no poder. A reeleição de Daladier em 1938 acabou se tornando um breve paliativo antes da chegada do momento mais trágico da história da França no século XX.

No domingo, dia 3 de setembro, Simone de Beauvoir se levantou da cama às 8h30. Chovia em Paris. "O tempo passa lentamente. Onze horas, a resposta sairá hoje; não há esperança."[16] A escritora sai à rua em direção ao Café Rey, na Bastilha.

Os guardas têm bonitos capacetes novos e trazem máscaras a tiracolo num saquinho de borracha. Há civis que também as carregam assim. Muitas estações de metrô estão fechadas com correntes, e cartazes indicam a mais próxima. Os faróis dos automóveis pintados de azul parecem enormes pedras preciosas.[17]

Nas ruas, o *Paris Soir* trazia a manchete inevitável: "A Guerra está declarada. A Inglaterra, já a partir das onze horas, a França vai declará-la às cinco da tarde". Na fachada dos prédios importantes da cidade, homens erguiam muros feitos de sacos de areia como proteção para um esperado bombardeio. Placas foram instaladas apontando a localização de abrigos antiaéreos. Algures a guerra já havia começado. Em Paris ela foi se transformando em um penoso exercício de imaginação. Oswald, barafustando, tentava planejar como sobreviveriam nos próximos dias. Adquiriu três máscaras antigás, por 140 francos cada. Uma para ele, outra para Julieta e a terceira ele guardaria como souvenir da guerra. Acostumado nos últimos anos a anotar na caderneta sempre à mão cenas possíveis para *Marco zero*, diante das contingências o escritor começou a rascunhar observações sobre a guerra que se aproximava. Viria um novo livro, feito no calor do momento. "Será a guerra invisível, guerra de gotinha d'água que nos cai na pele e nos destrói a carne, dos gases que não se anunciam pelo cheiro e que matam. [Porém,] pus uma máscara e quase me asfixiei."[18]

Voltar para a Inglaterra não era uma opção. Além de o espaço aéreo inglês estar fechado, embarcações britânicas não militares eram afundadas pelos nazistas diariamente, muitas no canal da Mancha. Para conseguir retornar ao Brasil, a solução então era fugir de Paris, atravessar a Espanha franquista por terra e chegar a Portugal, país que se declarara neutro logo no segundo dia de setembro. Uma vez salvos em Lisboa, poderiam de lá tomar um navio de volta para o Rio de Janeiro e fugir da sombra da guerra que se aproximava. Oswald, Julieta e suas numerosas e pesadas malas conseguiram sair finalmente de Ville d'Avray de carona num Ford Coupé até a cidade de Tours. Era uma missão quase impossível escapar da França com tanta bagagem. Diante da impossibilidade de se tomar um trem, era necessário um automóvel mais espaçoso para seguir viagem. Ao se deparar com uma ambulância, Oswald não titubeou: ofereceu 1600 francos ao motorista para levá-los até Bordeaux. Tempos depois, no Suplemento Literário de *Diretrizes*, Joel Silveira descreveria a chegada triunfal na cidade: "Vejam só o close-up: gente apinhada julgando tratar-se da chegada dos primeiros feridos do front, e a porta [traseira da ambulância] se abrindo para deixar saltar a poetisa Julieta Barbara, toda fagueira...".[19]

Em Bordeaux, embarcaram em um trem de soldados franceses rumo a Biarritz.

> Lá, encontramos reunida a ralé mais alta do mundo. Condes da Espanha, *ladies* inglesas, a alta burguesia da França, turistas e cosmopolitas de toda a parte. [...] Gente incrível, cada *toilette*, cada pulseira de brilhantes, [...] uns tipos de mulheres, umas ideias, umas conversas do outro mundo. Vi lâmpadas no front empregadas para verificar a quantidade de uísque nos copos.[20]

Em duas semanas, a ausência de bombardeios e dos gases tóxicos fez com que o terror invisível fosse assimilado pela rotina dos franceses. Aos poucos os habitantes de Paris não levavam mais em consideração os abrigos antiaéreos, e a presença de máscaras nas ruas era cada vez mais esporádica. Nem o blecaute, mantido diariamente, impediu que a cidade voltasse a um cotidiano equivalente ao do pré-guerra. Tanto cidadãos quanto os soldados recrutados para o front se perguntavam o motivo de a França ter entrado na guerra. Afinal, já que queria defender a Polônia, por que o país nada fizera antes que ela fosse invadida? Também perdido na França, mas no sentido contrário, indo de Biarritz para Paris, Lindolfo Collor, ex-ministro de Getúlio, anotaria: "Em 1914, [durante a Primeira Guerra,] havia uma causa que se chamava Alsácia-Lorena. O povo a compreendia no seu egoísmo e tinha entusiasmo por ela. A causa de hoje chama-se Dantzig. Dantzig é uma cidade alemã, que a Alemanha quer anexar. Vale a pena morrer por isso?".[21] Em Estocolmo, Brecht diria: "Fantasmagórica esta guerra que não está sendo travada... Na imprensa sueca ainda não saiu uma palavra a respeito do fato de que nem um só tiro foi disparado no Ocidente".[22] Na Argélia, Albert Camus, futuro amigo de Oswald de Andrade, escreveria em seu diário: "A guerra começou. Onde está a guerra? Ela não está nesse céu azul sobre o mar azul, nesses cantos estridentes de cigarras, nos ciprestes das colinas. Queremos acreditar nela. Procuramos seu rosto e ela nos recusa".[23] Nos jornais franceses, fazia-se piada de que os soldados no front morriam era de tédio. Sartre, que havia se alistado no dia 2 e aguardava o conflito na cidade de Marmoutier, também escreveria em seu diário: "Não vi a guerra e ela parece ser imperceptível; apesar disso, vi o mundo da guerra. É simplesmente o mundo militarizado. As coisas mudam de sentido".[24] Estava instalada a famosa *drôle de guerre*, a "guerra de mentira". Segundo Ehrenburg, que vivia em Paris, os franceses "não pensavam nos navios afundados, nas reservas de cobre, na vitória: aceitavam a vida tal como ela vinha".[25] E assim fizeram até o dia 10 de maio de 1940, quando as tropas nazistas entraram na capital francesa.

Ao atravessar a fronteira da Espanha, na cidade de Irun, Oswald se impressiona com a destruição causada pelos bombardeios da guerra e pela flagrante simpatia dos oficiais franquistas pela causa nazista. Importunado por soldados espanhóis por conta dos livros que carrega, o escritor recebe em seus documentos de fronteira a anotação a lápis: "A revistar". Porém, mais à frente, o exausto funcionário da alfândega não o vê na fila a apagar dissimuladamente com sua borracha a ordem de revista[26] que o faria livre da checagem. Sem paradas, o trem da Sud Express atravessou apressado a Espanha devastada até chegar finalmente na estação de comboios do Rossio, em Lisboa.

5.
Hipócritas, recalcados e tímidos

Lisboa era já outra cidade, diferente da que Oswald visitara com Tarsila em janeiro de 1923, antes de se estabelecerem em Paris. Naquela ocasião, passado um ano da Semana de Arte Moderna, o casal em lua de mel se entusiasmava com o grupo modernista português em torno da revista *Contemporânea*, entre eles José Pacheco, Fernando Pessoa e António Ferro. As cartas que Oswald enviou de Portugal para o ainda amigo Mário de Andrade comprovavam a euforia: "Mário, [estou] entrando em Portugal. [...] E [percebo] o raio da delicadeza lusitana, atávica em nós. [...] *Contemporânea* é linda, nem sombra de blague. Que geração! Parece a nossa!". Acabaria pedindo a Mário que enviasse de São Paulo exemplares da *Klaxon* para os portugueses: "Dou a você essa amável incumbência por ser você o mais bonito da geração". Na época, sentindo-se mais realizado do que insidioso, amenizaria a troça com parênteses: "(estamos em Portugal, terrinha da piada)".

Estabelecido o intercâmbio, Oswald colaboraria duas vezes para a *Contemporânea*. A primeira com "O barracão dos romeiros", trecho extraído do então inédito romance *A estrela de absinto*. No texto, a protagonista Alma, "recurva no leito", lê "um volume rasgado de D'Annunzio". Apelidado por Mussolini como o "João Batista do fascismo", o poeta protofascista e aviador militar italiano Gabriele D'Annunzio se tornou famoso por ter liderado a tomada da cidade de Fiume (hoje Rijeka, na Croácia) em 1919 a bordo de um automóvel Fiat Tipo 4 e com a ajuda de um exército de 2 mil voluntários italianos. Vitoriosos, foram os legionários de D'Annunzio que pela primeira vez fizeram o gesto de levantar o braço direito com a mão em riste para saudar o seu comandante. Mussolini, embevecido com o ímpeto e a liderança de D'Annunzio, posteriormente adotaria o gesto enquanto rito característico do fascismo. Já na segunda colaboração de Oswald para a *Contemporânea*, ele entrevistaria o amigo e aliado António Ferro. Peça-chave do modernismo português, Ferro havia se tornado famoso na imprensa em 1921 pela façanha de conseguir entrevistar justamente Gabriele D'Annunzio para o jornal lisboeta *Diário de Notícias*.

Escorado pela nostalgia de Oswald, o casal paulista decidiu que se hospedar no Chiado, próximo à estação, não seria má ideia. Porém, a Lisboa da malta da *Contemporânea* que circulava no bairro, pelos arredores da rua Garrett, não existia mais. Seu principal reduto, o famoso café A Brasileira, adornado por quadros modernistas escolhidos por José Pacheco, não era mais exclusivo dos "artistas, jornalistas, advogados, jurisconsultos, incipientes da literatura, desiludidos, falhados, sonhadores e poetas" da cidade. Tornou-se, de acordo com o flâneur lisboeta Norberto de Araújo, um símbolo, "uma instituição do Chiado, pobre mas desafrontada".[1] Em 1939 era justamente no Rossio, de onde viera o casal Guerrini-Andrade com suas malas, que Lisboa modestamente fervilhava. Novos cafés, como o Portugal, e os recém-renovados Gelo, A Brasileira (do Rossio) e Chave d'Ouro, começariam a receber, a partir de então, não apenas a costumeira nata da intelectualidade portuguesa, mas fugitivos da guerra vindos de todos os cantos da Europa, estrangeiros de outros continentes, como Oswald, à espera de um navio que os levasse para casa, e por fim agentes secretos alemães e ingleses, entre eles o futuro escritor Ian Fleming.

Uma vez no Chiado, uma das primeiras providências de Oswald foi provavelmente ir à embaixada do Brasil, na rua

António Maria Cardoso. De lá sairia desenganado repetidas vezes pelo embaixador Arthur Araújo Jorge com a falta de apoio e informações acerca das possibilidades de retorno marítimo urgente para o Rio de Janeiro. Não saberiam Oswald e Julieta, mas eventualmente teriam notado que no final da rua da embaixada ficava o Retiro da Severa, a mais famosa casa de fado de Lisboa na época. Se tivessem sorte, provavelmente teriam visto a ainda jovem estreante Amália Rodrigues cantar por lá.

Presumivelmente, numa das idas à embaixada brasileira, Julieta e Oswald encontrariam por acaso com os recém-casados Vinicius de Moraes e Tati. Os dois casais compartilhavam coincidentemente a mesma rota de fuga pela Europa. Vinicius e Tati também chegaram a Portugal vindos perplexos de Paris. Ante a proibição de voltar para Oxford, na Inglaterra, onde ele era estudante de literatura, foram aconselhados a viajar até Lisboa para conseguir voltar ao Brasil. Os quatro se encontrariam com frequência ao longo do mês em que ficaram em Portugal. Oswald e o futuro autor de "Garota de Ipanema" já se conheciam. Anos antes em São Paulo, tinham sido apresentados por intermédio de Manuel Bandeira. Mesmo não entusiasmados pelas obras um do outro, os dois acabaram firmando amizade em Lisboa. A convivência com a persona expansiva e errante de Oswald exerceu um certo fascínio sobre o jovem Vinicius, 25 anos mais moço, que naquela época acabava de cortar os laços de amizade com Otávio de Faria, livrando-se de seu vulto reacionário e misantropo. Oswald, que publicamente detestava Faria, encarnava a exata antítese deste: era comunista, extrovertido e, segundo Vinicius, dono de um "coração violento". Tati, cujo nome era Beatriz de Mello Moraes, também não era nenhuma desconhecida. Era amiga íntima de Dulce, ex-enteada de Oswald, filha de Tarsila. Conforme poucos saberiam, Tati era filha bastarda de Monteiro Lobato. Dona de um nariz arrebitado, teria sido ela a inspiração para a Narizinho do *Sítio do Picapau Amarelo*. Se o autor de *Serafim* sabia da fofoca, não a registrou por escrito.

Outro encontro insólito de Oswald em Lisboa foi com Arnon de Mello. Futuro governador de Alagoas pela União Democrática Nacional (UDN), senador biônico pela Aliança Renovadora Nacional (Arena), assassino de José Kairala e pai de Fernando Collor de Mello, não necessariamente nessa ordem, Arnon naquela altura era ainda um jovem jornalista, empregado dos Diários Associados. A convite da Associação Brasileira de Imprensa, havia passado os últimos três meses acompanhando a viagem do presidente e general Óscar Carmona aos territórios colonizados por Portugal na África. Ao encontrar o jornalista, Oswald tenta dissuadi-lo da viagem para a França: "Falaram-me da sua viagem a Paris e eu vim, como amigo, convencê-lo do contrário. Acabo de chegar de lá e sei como estão as coisas. Não faça isso, não cometa essa loucura".[2] Não podendo lhe dar ouvidos, Arnon, uma vez em Paris, escreveria de lá uma longa reportagem para os jornais brasileiros acerca dos terrores invisíveis da *drôle de guerre*. Na capital francesa encontraria finalmente sua noiva, Leda Collor, acompanhada de Lindolfo Collor, seu futuro sogro. Em dezembro se casariam em Lisboa com direito a grande recepção na embaixada brasileira oferecida por Arthur Araújo Jorge e telegrama de felicitações do general Carmona.

Ainda à caça de um navio que o levasse em segurança de volta ao Rio de Janeiro, Oswald escreveria nova carta a Nonê, contando das anotações que surgiram por conta do périplo até Lisboa:

Isto tudo deu um livro que estou escrevendo: "Ao calor da fogueira internacional...". Agora estamos às voltas com o problema do regresso e da guerra submarina. Temos a proposta de passar pelo México. Os navios brasileiros vêm repletíssimos. E a guerra, se não já, só tende a agravar.[3]

Em meados de setembro, a opinião de que Inglaterra e França não seriam páreos para deter Hitler era um consenso sussurrado e indesejado na Europa. Acreditava-se que, assim como na guerra anterior, os Estados Unidos interviriam com seu exército somente quando chegasse o momento em que França ou Inglaterra não possuíssem mais reservas para comprar-lhes os armamentos. No entanto, a guerra continuava invisível no Oeste Europeu. Desde a crise de Munique em 1938, eram aguardadas as armas do inimigo alemão que "tanto poderiam vir do céu, como do buraco de uma fechadura", dizia Oswald, assombrado pela ideia de uma guerra química. Diante do prolongamento do terror irrealizado, a mobilização coletiva foi perdendo o seu entusiasmo, embora se mantivesse precavida e ordeira. Ao final de setembro, os jornais portugueses traziam notícias de resistências episódicas polonesas na Frente Oriental e assinalavam a calma em toda a extensão ocidental. Falava-se menos da guerra e mais das chuvas que finalmente caíram em Lisboa, depois de um longo e seco verão, anunciando o outono: "Caíram as primeiras chuvas e os que voltam das praias, entediados por dois longos meses de férias, acham agradável a diversão. Já têm saudades das estreias no Tivoli e S. Luiz, dos chás na Império do Chiado, às cinco horas, do *foot-ball* e dos bilhares da Brasileira".[4]

Eram dois os velhos conhecidos de Oswald que viviam em Lisboa: Plínio Salgado e António Ferro. Curiosamente, da mesma forma que esses dois personagens, por conta da Semana de Arte Moderna, foram até Oswald para ouvi-lo, cortejá-lo e fazer parte do seu projeto vanguardista, pouco tempo depois ambos foram até Benito Mussolini para também ouvi-lo, cortejá-lo e, por fim, tomar parte do projeto fascista.

Ferro se encontraria com o líder italiano em Roma ainda em 1923 com o pretexto de entrevistá-lo para o *Diário de Notícias*, como fizera com D'Annunzio. O encontro durou cerca de quinze minutos, embora Ferro afirmasse ter conversado com o ditador por mais de meia hora. No Brasil, os futuros membros do verde-amarelismo, entre eles Plínio Salgado, já reverenciavam o fascismo italiano quando Mussolini enviou ao país em abril de 1924 o vapor *Italia*, "um navio de raça" que vinha "realizando um cruzeiro memorável, menos de interesse comercial do que de demonstração das grandes possibilidades da terra de Dante".[5] Conforme aponta Antonio Arnoni Prado, a revista *Novíssima*, editada por Menotti del Picchia e Cassiano Ricardo, saudava a chegada marítima da ideologia italiana, afirmando que a nova espiritualidade deveria ser explorada com poesia e força, nos moldes da vida e obra de... Gabriele D'Annunzio.[6]

Plínio galgou posições dentro da intelectualidade paulista para fazer parte do programa da Semana de Arte Moderna, na qual proferiu a despercebida palestra "A arte brasileira". Nacionalista e católico de São Bento de Sapucaí, em São Paulo, Plínio foi paulatinamente estabelecendo seu papel de protagonista reacionário dentro do panteão modernista. Em 1924 já estava em desacordo com o "Manifesto da Poesia Pau-Brasil". Em 1929, criou o "Manifesto Nhengaçu Verde-Amarelo", em oposição ao "Manifesto Antropófago".[7] No ano seguinte, já convicto fascista, foi a Roma se encontrar com Benito Mussolini em viagem custeada pelo banqueiro Alfredo Egídio de Sousa Aranha, primo do ministro Oswaldo Aranha e dono do Banco Central de Crédito, o ancestral do Banco Itaú. A reunião, como a de Ferro, também duraria quinze minutos: tempo suficiente para que Il Duce desse a bênção para que o "Hitler de Sapucaí", como Oswald o apelidara, seguisse com o plano de criar o seu próprio movimento fascista no Brasil, a Ação Integralista.

A fortuna crítica oficiosa de Plínio Salgado afirma que a ideia do romance *O estrangeiro* surgiu muito antes da Semana, quando o integralista, viajando pelo interior de São Paulo, se deparou com "uma escolinha rural, cujos alunos, filhos de várias nacionalidades ao lado de caboclinhos brasileiros, cantavam, uníssonos e com o mesmo entusiasmo, o Hino Nacional, dirigidos por um mestre-escola, caboclo autêntico".[8] Lançado em 1926, o livro ganhou elogios esparsos em alguns jornais, mas não enganou os demais modernistas. Oswald de Andrade logo afirmaria publicamente que *O estrangeiro*, apesar de exitoso, era "bem montado" nas *Memórias sentimentais de João Miramar*. A hipótese é verificada por escritores presentes na Semana, como Prudente de Morais Neto, e romancistas da geração seguinte, como Rosário Fusco e Jorge Amado. A fama de "político covarde e mau literato" acompanharia Plínio e o impossibilitaria de estabelecer qualquer laço perene com o campo literário brasileiro. Em sua defesa, no reavaliar de sua "prosa modernista", o escritor faria a ressalva de que o aspecto sintético e dinâmico da narrativa de *O estrangeiro* era influência não da mediação da linguagem vanguardista estabelecida pelo modernismo paulista, mas sim diretamente do futurismo marinettiano. Em um pequeno trecho de *O cavaleiro da esperança: Vida de Luís Carlos Prestes*, Jorge Amado fulminaria a réplica frágil de Plínio, ao afirmar que

> nunca, em todo mundo, incluindo o futurismo de Marinetti no *fascio* italiano, incluindo as teorias várias do nazismo alemão, nunca se escreveu tanta idiotice, tanta cretinice, em tão má literatura, como o fez o integralismo no Brasil. Foi um momento onde maior que o ridículo só era a desonestidade. Plínio Salgado, Führer de opereta, messias de teatro barato, tinha o micróbio da má literatura. Tendo fracassado nos seus plágios de Oswald de Andrade, convencido

que não nascera para copiar boa literatura, plagia nesses anos o que há de pior em letra de fôrma no mundo. É a literatura mais imbecil que imaginar se possa.[9]

O chefe do Sigma não se contentava em mal parafrasear literatura apenas. Em *O Homem do Povo*, Oswald, sob o pseudônimo de capitão Rodolpho Valois, afirma que o "manifesto [integralista publicado por Plínio Salgado em 1931, nas vésperas da oficialização da AIB], apesar da sua idiossincrasia por toda espécie de imitação dos figurinos exóticos, não passa de uma tradução brasileira das ideias de Benito Mussolini".[10] Ponto a ponto, o escritor paulista confronta o texto de Plínio com uma série de discursos proferidos pelo Duce na última década, provando de forma inconteste que, mesmo antes de seu surgimento, o integralismo era já uma "cópia mal traduzida do fascismo italiano". Porém, os camisas-verdes, alheios às discussões literárias, cresciam em número. Se a mirrada primeira marcha integralista, ocorrida em São Paulo em 1933, contava apenas com quarenta adeptos, três anos depois a AIB possuía oito diários, 150 semanários, revistas mensais e milhares de seguidores.[11]

Em setembro de 1939, porém, Plínio se encontrava exilado em Portugal. Preso em maio, escreveria em confinamento uma carta aos integralistas ordenando a suspensão dos ataques ao governo de Getúlio. Dessa forma, sem margem de manobra no cenário político brasileiro e diante de sua expulsão do país, conseguiu amainar a sua situação diante do Estado Novo. Isso feito, conseguiria estabelecer laços fascistas de forma mais livre em Portugal. Em Lisboa, seu primeiro ato foi procurar Rolão Preto, o chefe integralista português, que também havia sido neutralizado politicamente pelo Estado Novo de seu país. Porém, ao descobrir que a polícia secreta de Portugal seguia seus passos, Plínio, com medo de ser preso mais uma vez, se afastou publicamente da vida política e, de maneira estratégica, se voltou de novo para a religião.[12]

Numa manhã primaveril, pelas cercanias da Baixa lisboeta, o acaso colocaria frente a frente Plínio Salgado e Oswald de Andrade mais uma vez. O encontro seria narrado pelo autor de *Serafim* dez anos depois em um de seus "telefonemas":

> A fim de saber notícias de navios, dirigi-me certa manhã a um hotel para falar com meu primo, o sr. Marcos Inglês de Souza que se achava com outros brasileiros nas mesmas condições que eu. No hall desse hotel, onde eu não sabia que também estava hospedado o chefe fascista, vi um magrelo de preto bordejar na minha direção, ao vento do Tejo que entrava pelas janelas. Acompanhava-o uma senhora. Não senti nenhuma dificuldade em aceitar o cumprimento do vacilante capiau que reconheci ser o sr. Plínio Salgado. E tive logo o instinto de gozá-lo no momento em que a Rússia Soviética abraçava estrategicamente a Alemanha nazista. O que diria Plínio ante o acordo Hitler-Stálin? Perguntei: — Que é você agora, Plínio? E ele esganiçou levantando as sobrancelhas: — Liberal! Retirei-me rindo e chegando aqui, contei isso pelos jornais.[13]

António Ferro, aos dezenove anos, se tornou famoso no meio literário português por figurar como editor do primeiro número da revista *Orpheu*. Porém, conforme é conhecido na mitologia modernista de Portugal, o cargo foi dado a António por um ato de pura blague de Fernando Pessoa e Mário de Sá-Carneiro. Para a dupla, havia piada no fato de o futuro chefe do Secretariado de Propaganda Nacional (SPN) ser ainda menor de idade em 1915, e portanto proibido por lei de gerir qualquer publicação. Ferro foi acolhido pelo grupo modernista d'A Brasileira do Chiado, mas veladamente era repelido pela empáfia dos mais velhos. Enquanto Sá-Carneiro o chamava pelas costas de "estuporinho" e "menino idiota", Pessoa a determinada altura tentou convencê-lo de que os colaboradores Alberto Caeiro e Álvaro de Campos existiam de fato.[14] O que a dupla de *Orpheu* não previa é que, com a patente de editor da revista, pouco tempo depois Ferro acabaria se tornando a grande figura do modernismo português entre os participantes da Semana de Arte Moderna, em São Paulo.

Em fevereiro de 1922, enquanto Mário e Oswald eram vaiados no Teatro Municipal de São Paulo, o jovem e nada ingênuo António Ferro acumulava audácias literárias e biográficas. Já distante do quadro da *Orpheu* desde o segundo número, Ferro foi convocado para exercer funções administrativas na guerra em Angola contra os alemães. Na volta, galgou politicamente, mesmo sem qualquer experiência, a ocupação de jornalista em simultâneo n'*O Século* e no *Diário de Notícias*. Para este último, realizou uma série de reportagens ao acompanhar D'Annunzio na tomada de Fiume, que acabaria se tornando o livro *Gabriele d'Annunzio e eu*. Poucos meses depois, Ferro tomaria um vapor para o Brasil. Aproveitando-se da oportunidade oferecida à companhia teatral de Lucília Simões para encenar aqui a peça *Mar alto*, de sua autoria, resolveu também partir junto com os atores, em maio daquele ano, abandonando a função de editor na *Ilustração Portuguesa*, revista do *Diário de Notícias*. Seu objetivo era se fazer presente na vaga modernista surgida em São Paulo.

Ferro chegou ao Brasil tomado do entusiasmo futurista, o que encheu os olhos de Oswald de Andrade. O autor do "Manifesto da Poesia Pau-Brasil" via no poeta português, na sua briga contra o "passadismo" e no seu pseudoprotagonismo na vanguarda literária portuguesa, um importante e poderoso aliado. Enquanto António propunha à frente da *Ilustração* "uma revolução por semana em Lisboa", Oswald na véspera dos acontecimentos da Semana de Arte Moderna escrevia no *Jornal do*

Commercio: "Como Roma primitiva, criada nos cadinhos aventureiros, com o sangue despótico de todos os sem-pátria, São Paulo, cosmopolita e vibrante, prestava-se como poucas cidades da América a acompanhar o renovamento anunciado nas artes e nas letras".[15] Os dois compartilhavam da vontade de ver suas cidades natais, naquela época com populações bastante inferiores às do Rio de Janeiro e de Paris, como candidatas a protagonistas da revolução estética que surgia no horizonte do pós-Primeira Guerra nos principais centros de cultura do Ocidente. No mesmo texto, Oswald, num gesto político generoso, punha o nome de Ferro (e o do romancista Aquilino Ribeiro) em pé de igualdade com Apollinaire e Marinetti; eram todos semelhantes "portadores comovidos da nova luz".

Ferro chegaria no dia 22 de maio ao Rio de Janeiro e, além de se fazer de ator na peça que escreveu para o grupo teatral de Lucília Simões, conseguiu arrebanhar pelas propagandas nos jornais um número considerável de ouvintes para as palestras que trazia prontas de Lisboa. "As mulheres e a literatura" e "A idade do jazz-band" foram repetidas em uma série de teatros do Sul e do Sudeste do Brasil. Ainda no mesmo ano, "A idade do jazz-band" seria publicada em São Paulo, pela editora de Monteiro Lobato. As façanhas do autor no Brasil em 1922 não terminariam por aí. No dia 17 de junho, Ferro aguardava com grande expectativa a chegada de outros dois portugueses ao país. Sacadura Cabral e Gago Coutinho pousariam finalmente o seu hidroavião na baía de Guanabara, concluindo a heroica primeira travessia aérea sul-atlântica da história. No dia seguinte, *O Paiz* trazia na capa a palavrosa manchete: "A população do Rio de Janeiro fez a apoteose magnífica do heroísmo, aclamando Sacadura Cabral e Gago Coutinho na mais espontânea, na mais eloquente, na mais grandiosa manifestação popular de que há memória no Brasil". Em todas as homenagens cívicas voltadas para a dupla de pilotos portugueses,

António Ferro se tornou, naturalmente, o encarregado oficial dos discursos. Em uma das cerimônias mais simbólicas, transmitida via telégrafo em tempo real para Lisboa, foi incumbido como representante da classe artística de Portugal para saudar os aviadores. Em julho, enquanto a Revolta Tenentista acabava de rebentar em Copacabana, Ferro publicava o seu manifesto protofascista chamado "Nós", estampado na primeira página do terceiro número da revista modernista *Klaxon*. No mês seguinte casou-se por procuração no Rio de Janeiro com Fernanda de Castro, que se encontrava em Lisboa. As testemunhas portuguesas presentes na cerimônia foram a atriz Lucília Simões e o almirante Gago Coutinho. Para padrinhos do enlace matrimonial, Ferro escolheu cuidadosamente o casal de amigos brasileiros Tarsila do Amaral e Oswald de Andrade.

Em 1923, enquanto Oswald e Tarsila conheciam pessoalmente José Pacheco e outros nomes do modernismo português em Lisboa, António Ferro ainda cruzava o Brasil com suas palestras. Retornaria em maio sem encontrar o casal brasileiro, já instalado em Paris. Oswald enviaria ainda uma meia dúzia de cartas para Ferro enquanto esteve na França. Numa carta de março de 1925, o escritor paulista faz a ele uma singular proposta: escrever a quatro mãos uma peça teatral "luso-brasileira". Os personagens propostos por Oswald seriam Sacadura Cabral, Gago Coutinho, Santos Dumont e o "padre voador" Bartolomeu de Gusmão, homens do ar, além dos "presidentes das duas repúblicas". O título da peça seria *As duas irmãs gloriosas — Ato de bravura*.[16] O intercâmbio teatral nunca seria levado a cabo. Passada a euforia modernista e chegada a ressaca varguista, Oswald retomaria os temas e as personagens sob nova perspectiva, conforme dito, em *O homem e o cavalo* e em *A arcádia e a Inconfidência*.

Em 1939, portanto, Oswald e Ferro não tinham nada em comum a compartilhar a não ser as memórias da década passada.

Ambos, cada um a seu modo, agora desdenhavam dos anos 1920 em prol de suas respectivas posições políticas atuais. Conforme testemunhou anteriormente com a trajetória de Plínio Salgado e o surgimento do integralismo, Oswald perceberia novamente que o recalque de falsos modernistas repelidos pelo movimento (aquilo que Mário teria afirmado a Joaquim Inojosa acerca da dissimulação de uma atualização estética que recorria à superficialidade de "maneirismos linguísticos aparentemente inovadores" ignorante da renovação plena do modernismo) ganhava a realidade política com velocidade e desenvoltura quando vinculado à causa fascista.

Desde que assumira o SPN em 1933, António Ferro tinha como função oficial introduzir na consciência do país a "política de espírito" do Estado Novo, entendida como uma política integrada de propaganda, ação psicossocial, lição estética e de transformação sociocultural que, reunidas sob a batuta do SPN, se fariam presentes no cinema, no teatro, nas artes visuais, nas festas, nos cartazes, nas vitrines, na decoração, na publicidade e também no turismo.[17] A princípio, Ferro não tinha poderes de ministro e seu secretariado era diretamente ligado ao presidente do conselho de ministros, isto é, dependia de António Salazar. Além disso, quem detinha o poder coercitivo sobre a imprensa não era o SPN, mas sim o Ministério do Interior. Os grandes donos dos jornais, conhecedores da trajetória duvidosa de Ferro, não se sentiam obrigados a responder um mero secretário quando necessitavam bajular ministros.

Dessa forma, Ferro foi obrigado a dar início a sua trajetória atuando primeiro, com a independência que desejava, na propaganda externa do país. O Portugal inventado por ele, enfim, se tornou um triunfo internacional, a começar pelo êxito sequencial em três exposições internacionais: Genebra (1935), Paris (1937) e Nova York (1939). A recriação artificial da cultura popular portuguesa em ambiente alienígena se tornou o grande chamariz da propaganda política no exterior. A partir de então, Ferro pôde avançar com suas pautas, a começar pelo turismo. Em 1939, afirmaria para uma plateia de investidores estrangeiros que o sorriso era a arma portuguesa contra o "arame farpado mental europeu".[18] Mesmo com a promessa de que Portugal não tinha interesse em lucrar com sua posição estrategicamente isenta durante a guerra, o regime salazarista já começava a fazê-lo sem cerimônia.[19] O SPN de António Ferro vendia com êxito o país como o possível destino tranquilo da Europa enquanto o resto do continente seria esmagado pela barbárie.

Enquanto Oswald esteve em Lisboa, as obras da pomposa Exposição do Mundo Português, que teria lugar em Belém no ano seguinte, contavam já com o vultoso número de 5 mil operários. Embora temporariamente interrompidas por conta do início da guerra naquele mês de setembro, a nova configuração arquitetônica de Belém seria o passo definitivo do plano oficial de "monumentalização e folclorização da cultura popular portuguesa".[20] Aos olhos dos visitantes, a "ilha de paz" lusitana, "verdadeiro oásis da Europa atormentada", se tornava uma realidade. António Ferro foi capaz de literalmente inventar tradições nacionais inexistentes. Muitas delas foram incrustadas de forma permanente na vida portuguesa. O Galo de Barcelos, as Marchas de Lisboa, o título de Monsanto enquanto "aldeia mais portuguesa de Portugal", entre outros sequestros da cultura popular, foram incorporados ao calendário do país ao longo da década de 1930.

O Estado Novo de Portugal impôs à sua sociedade uma mitografia baseada numa "essencialidade portuguesa" a um só tempo "transtemporal" e "transclassista".[21] A ideia era imprimir na história do país que Salazar era o responsável por promover a ressurreição de Portugal ao interromper o monarquismo liberal, acusado como real responsável pela decadência histórica da nação. O Estado Novo retomaria o curso mítico nacionalista português, colocando-se como o único destino civilizacional possível e superior à proposta de qualquer outro regime político. Carregaria consigo o "mito da ruralidade" e da "pobreza honrada" que estancaria qualquer alusão à divisão de classes, privando moralmente o povo de qualquer aspiração social e cultural ou, nas palavras de António Ferro, instaurando a "ausência de ambições doentias" em nome de uma pobreza católica que lhe seria inerente, justaposta ao destino rural da nação.[22] O elogio à pobreza, ao mesmo tempo, mascarava as influências fascistas vindas de Franco e Mussolini e as similaridades salazaristas com o hitlerismo. O colonialismo português, diante de tal projeto, seria encarado como uma "missão determinada pela Providência", já que, de acordo com o artigo segundo do Ato Colonial de 1930, era da "essência orgânica da Nação Portuguesa desempenhar a função histórica de possuir e colonizar domínios ultramarinos e de civilizar populações indígenas".[23] Nas palavras do filósofo Eduardo Lourenço, ninguém serviu com "tão consciente e cínica precisão" à mitologia histórico-sentimental dos portugueses como Salazar.[24]

Ex-seminarista doutrinado pela encíclica *Rerum Novarum*, de autoria de Leão XIII (e louvada no Brasil por Lindolfo Collor), cujos ensinamentos buscavam desbaratar o crescente movimento operário socialista, António Salazar pregava o fim da luta entre patrões capitalistas e seus trabalhadores, classes que "longe de inimigas, antes se complementam". Seguindo os preceitos da encíclica, para ele seria papel exclusivo da Igreja, "em primeiro plano, a tarefa de as reconciliar".[25] Ainda em 1912, o futuro ditador português já afirmava que o sindicalismo trazia ideias perigosas à psicologia da classe trabalhadora, prejudicando a "ação pessoal, a iniciativa e o gênio empreendedor". Salazar, assim como Hitler e Mussolini, fundamentava suas convicções de fé em teses sociológicas contaminadas de pensamento autoritário, como *Psicologia das multidões*, de Gustave Le Bon, desmontada por Sigmund Freud,[26] no famoso ensaio *Psicologia das massas e análise do eu*, ainda em 1921.

Se Luís Carlos Prestes em 1931 foi o mistagogo de Oswald no culto ao comunismo, António Salazar cumpriu papel similar na vida de Ferro, mas do lado ideológico oposto. Em 1932, seu encontro com o ditador português "concluíra [a sua] evolução", e o fez "compreender para sempre" que o "inconformismo sistemático, escravo, afinal, de tantos conformismos, conformado a tantas ideias feitas, malfeitas, não conduzia a nada, nem a essa própria beleza que perseguia".[27] António Ferro se referia, pesaroso, a suas atitudes durante os *roaring twenties*, época em que atacava "as múmias da tradição" na palestra "A idade do jazz-band" e exaltava o adultério com o propósito exclusivo de escandalizar a elite que assistia à sua peça teatral *Mar alto*.

Ao longo da década, porém, foram envelhecendo e esmorecendo os seus rompantes de pseudomodernista. Enquanto Oswald editava a *Revista de Antropofagia*, Ferro, em 1928, se corrigia no prefácio da quarta edição de seu romance *Leviana*: "Há mesmo capítulos que eu leio, hoje, com indignação que repugnam à minha sensibilidade católica [...]. A obra que eu escrevi aos vinte anos não é minha, é dos meus vinte anos, é de alguém que morreu".[28] De acordo com Nuno Rosmaninho, "a contrição do diretor do SPN perante o jovem de *Orpheu* foi estética, política e moral".[29] Portanto, já na década de 1930, Ferro, assim como Oswald, se identificava como ex-"palhaço da burguesia". A partir de suas respectivas iluminações, ambos se comprometeram a educar politicamente as massas. Se Oswald enxergava seu ofício de escritor como "tarefa heroica" necessária à "Revolução Proletária" após a ruína de "quase toda a literatura brasileira de vanguarda, provinciana e suspeita",[30] Ferro pretendia domesticar a arte, fazendo uso do que ele chamava de "retórica

amável e conciliadora" que, ao mesmo tempo, era estigmatiza-
dora e maniqueísta.[31]

Em 1934, diante de Salazar durante a entrega dos prêmios
literários do Estado, Ferro afirmava que o papel de seu secretariado era enaltecer uma "arte saudável" e impugnar "tudo o
que suja o espírito, tudo o que é feio, grosseiro, bestial, tudo
o que é maléfico, doentio, por simples volúpia ou satanismo".
Reprovar "certas ideias não conformistas, falsamente liberta-
doras", o "diabolismo dissolvente", o "amoralismo e a morbi-
dez" e, finalmente, impedir "a renascença duma literatura sá-
dica" e as "escavações freudianas".[32]

Mesmo tendo sua circulação proibida em Portugal, porém ven-
dido e editado de forma clandestina, o romance brasileiro dos
anos 1930 foi o responsável pelo nascimento do movimento
neorrealista na literatura portuguesa. De acordo com estudo
de Edvaldo Bergamo,[33] o neorrealismo se mira no exemplo do
"romance do Nordeste", para realizar uma pesquisa localista bastante similar à brasileira que resultaria na denúncia das mazelas
nacionais, opondo-se com força ao fascismo paternalista do Estado Novo português. Se António Ferro solapava a miséria do
povo em nome da sua "Política de Espírito" para inglês ver, os
neorrealistas dotaram de uma consciência revolucionária e co-
letivista os seus personagens marginalizados, tornando-os símbolos da sublevação do real desamparo salazarista.

De maneira concomitante ao desenvolvimento de suas obras,
a crítica e os romancistas neorrealistas produziram um considerável material sobre o romance social brasileiro, publicado
principalmente em *O Diabo* e *Seara Nova*, de Lisboa, e em
O Sol Nascente, do Porto, periódicos literários que encampa-
ram o movimento.

Jorge Amado, principal referência e influência da geração,
desde 1934 era louvado nas páginas da esquerda literária de

Portugal, mas não só. Era lido e discutido também pelo grupo da revista *Presença*, movimento imediatamente anterior e antítese estética do neorrealismo, formado por autores que apareciam com frequência na *Revista do Brasil*, como José Régio, João Gaspar Simões e, depois, Adolfo Casais Monteiro. Este último, que seria exilado em 1954 no Brasil, onde viveria até o final da vida, foi autor da primeira resenha acerca de Jorge publicada em *O Diabo*. Em 1938, a revista *Sol Nascente* trazia um artigo definitivo de Joaquim Namorado, autor que cunhou o termo "neorrealismo", legitimando o prestígio da prosa brasileira em solo português:

[O] acontecimento mais saliente da última temporada literária foi, sem dúvida, a descoberta do Brasil realizada através dos seus jovens romancistas. Até então o Brasil era um país distante onde se falava um português de vogais abertas e para onde iam pessoas conhecidas, portugueses, quase sempre meio analfabetos, que de lá voltavam podres de dinheiro e ridículo. [...] Mas hoje portugueses descobriram o Brasil: Jorge Amado, Erico Verissimo, Graciliano Ramos, Amando Fontes, José Lins do Rego, e tantos outros, trouxeram até nós a gente, as ruas, as aldeias e as cidades do Brasil: a inquietação, o desespero e ansiedade, as esperanças, a vida dos brasileiros.[34]

A eclosão neorrealista aconteceria exatos dois meses depois da visita de Oswald de Andrade a Portugal. Em dezembro de 1939, Alves Redol publicaria seu primeiro romance, *Gaibéus*, alçado imediatamente a obra-prima do movimento. O livro, assim como *Marco zero*, foi composto depois de uma diligente "pesquisa de campo". Para compor *Gaibéus*, o estreante Redol durante um certo período resolveu viver na lezíria ribatejana, cenário de seu romance, a fim de se familiarizar com a vida dos camponeses, trabalhando com eles no plantio e na colheita do arroz. A autoridade remota de Jorge Amado sobre Redol desde logo é flagrante. Já na nota inicial de *Gaibéus*, o escritor português informa que seu romance "não pretende ficar na literatura como obra de arte. Quer ser, antes de tudo, um documentário humano fixado no Ribatejo. Depois disso, será o que os outros entenderem". A pequena advertência é praticamente uma paráfrase da nota introdutória que Jorge havia escrito em 1933 para *Cacau*: "Tentei contar neste livro, com um mínimo de literatura para um máximo de honestidade, a vida dos trabalhadores das fazendas de cacau do sul da Bahia. Será um romance proletário?". A "honestidade" a que Jorge se refere para descrever apologeticamente o proletariado baiano afirma a ingerência do romance soviético de Gladkov e companhia sobre sua escrita. Diferentemente de *O país do Carnaval*, seu primeiro romance, é com *Cacau* (e no ano seguinte com *Suor*) que Jorge Amado se consolidaria como o escritor brasileiro comunista *avant la lettre*. Recém-empossado no cargo de redator--chefe de *Dom Casmurro*, o escritor acabou se tornando o vínculo literário fundamental entre os romancistas do Brasil e de Portugal. Foi a partir dos seus contatos que Oswald teria extraído uma lista de nomes a serem procurados em Lisboa, tais como o próprio Alves Redol e também o restante do núcleo de *O Diabo*: Mário Dionísio, Álvaro Cunhal e Jorge Domingues.

Especialmente com Redol, Oswald criou um sólido vínculo de amizade. O ainda inédito romancista português o levaria para conhecer o Ribatejo, onde nascera. Em Vila Franca de Xira, o autor de *Serafim* assistiria com entusiasmo à tradicional largada de touros. Em Tomar, impressionou-se com a abadia templária edificada havia quase mil anos. Os dois episódios o escritor paulista recobraria em textos futuros enquanto símbolos da "coragem milenar" da civilização portuguesa. Afirmaria que a mesma "virilidade" que viu no povo de Vila Franca de Xira diante dos touros emanava da arquitetura heroica do castelo de Tomar. "A grandiosidade camponesa de Alcobaça, a Batalha, a Pena, a Peninha e os Jerónimos" eram, para o paulista, "a história do sentimento português, fixada nas pedras do passado civil e religioso de uma grande raça". E complementaria: "Esqueça Portugal de uns tempos para cá, mas olhe para o passado. Os personagens de Shakespeare são diminutos diante das casas reais lusitanas".[35] Tais afirmações, feitas em 1943, acusavam sua leitura das obras de Caio Prado Júnior, bem como sua revisão propositiva de Gilberto Freyre, a partir de *Casa-grande & senzala* e *Sobrados e mucambos*.

De acordo com Caio Prado Júnior, Portugal definiu o "sentido de sua evolução" num primeiro momento ao buscar uma identidade cultural motivada pela guerra de reconquista territorial contra os mouros que levaria o país a se tornar a primeira nação europeia. A partir de tal premissa, interessado em estabelecer uma filiação heroica do Brasil em relação a Portugal, Oswald complementa em *A arcádia e a Inconfidência* que a "reconquista foi um fenômeno político e militar puramente de superfície. A arabização já tinha raciado a Península e produzido esse minúsculo mas gigantesco Portugal, que marcou com a abadia guerreira de Tomar, o apogeu do barroco e de toda a arte de seu tempo".[36] Nesse ponto, seu pensamento cruzaria novamente com o de Freyre. Lusófilo e entusiasta do processo colonial português no Brasil, o sociólogo pernambucano sublinhava o insólito da evolução civilizacional portuguesa afirmando "um Portugal orientalizado", ou seja, mourisco e judeu, cuja vitalidade se fez "de costas para a Europa", como diria Unamuno. Virado para o Atlântico, naturalmente o pequeno país ibérico se transformaria numa nação marítima.

Ao observar tais características "orientalizadas" expressas nas arquiteturas do Castelo de Alcobaça, do Mosteiro de Batalha, bem como na pedra angular do Mosteiro dos Jerónimos,

Oswald, a seu modo, depreende aquilo que Eduardo Lourenço diagnosticaria mais tarde como o "irrealismo prodigioso da imagem que os portugueses se fazem de si mesmos",[37] alheio no início de sua evolução aos desdobramentos e influências continentais da Europa. Interessa ao escritor paulista recobrar essa grandeza mais ficcional[38] do que real de Portugal para poder lidar com as origens do Brasil que lhe interessa, a despeito da apropriação salazarista desses traços essenciais da mitologia portuguesa. Em *A arcádia e a Inconfidência*, texto em que estabelece a filiação heroica do Brasil em relação a Portugal, Oswald afirma que ao final do século XVIII, já desacreditado de suas glórias e entregue "completamente para a Inglaterra", restaria a Portugal a "vocação de cais, no sebastianismo e na saudade, depois da amputação colonial" e ao antes inseparável Brasil o "vaticínio político e cultural da Inconfidência".[39]

Em Lisboa, Oswald, recomendado por Jorge Amado, chegaria à redação de *O Diabo*, que o recebeu como um importante aliado. Sem perder tempo, o escritor paulista redigiu então o artigo "O livro *Marco zero*", publicado na edição de 14 de outubro do semanário. No início do texto, ele parafraseia as proposições da cartilha do realismo socialista: "Toda a literatura que não se torna útil e não exerce ação em determinados períodos históricos, nada representa senão o eco das eras já extintas" e, na sequência, marca astutamente a sua posição de prógono modernista brasileiro ao expor o plano geral de sua engajada obra em progresso, que, naquela altura, pausada pela guerra, se encontrava dividida em quatro livros:

A luta de uma humanidade que atinge, através das mais fortes contradições, uma etapa nova, eis o que procuro dar ao meu livro *Marco zero* que, escrito em Portugal, talvez se chamasse *Quilômetro zero*. Trabalho há mais de quatro anos e pretendo com ele participar da contribuição que a minha geração (a modernista) deve à geração brasileira atual — a de Jorge Amado, Graciliano Ramos, José Lins, etc. *Marco zero* compreende quatro romances intitulados: *O planalto*, *Beco do escarro*, *O caminho de Hollywood* e *A presença do mar*.[40]

Para além de assinalar a anunciação de *Marco zero* em solo português, o texto de Oswald aponta outra questão. Após o escritor paulista lidar de perto com as aspirações neorrealistas diante da política estado-novista, surgiu seu interesse em entender o que a geração socialista de 1870, de Eça de Queirós, um de seus romancistas prediletos, havia deixado de permanente para a literatura, a cultura e a sociedade portuguesas. Afinal, não eram os nomes modernistas em torno de *Orpheu* e da *Contemporânea* que o grupo de *O Diabo* reconhecia como seus parentes ideológicos legítimos, mas sim a insubordinação socialista de Eça, Antero de Quental e Oliveira Martins. Em Leiria, no entanto, Oswald teve a resposta ao assistir a cenas insólitas bastante contemporâneas, mas que poderiam ter saído diretamente de *O crime do padre Amaro*.

> Estive em Leiria nesta minha curta visita a Portugal. Pareceu-me ver ainda a cidade do padre Amaro. A um aparelho de rádio modernista, respondiam com vantagem os seus sinos vetustos, a ressoar nos hipócritas, nos recalcados e nos tímidos. Ainda se confessa em Leiria, como cinquenta anos atrás.[41]

A descrição se completaria numa entrevista dada anos depois, desvelando as consequências práticas da mitografia estabelecida pelo Estado Novo:

> Em Leiria, como numa alucinação, vi, num confessionário, um tipo convulso de mulher, absolutamente saído do Eça.

O ambiente, aliás, os preconceitos, os costumes, as beatas eram os mesmos dos tempos do padre Amaro. Se vivo fosse, Eça poderia reescrever aquele romance. É perfeitamente atual. Nada lucrou Portugal com a sátira do escritor...[42]

Foi em Eça que Oswald de Andrade, como ele mesmo escreveu, tomou suas primeiras lições de sátira e lirismo na adolescência: "Posso dizer que devo minha carreira literária a Eça de Queirós". O descobriria ainda aos quinze anos quando pela primeira vez leu *A relíquia*.[43] Ao lado de Antero de Quental e Oliveira Martins, o romancista português encabeçaria a Geração de 70, que, sob a influência de Proudhon (encarnada principalmente em Antero), buscava desvelar a decadência de Portugal, país agrário, obsoleto, fechado sobre si, a repisar a fictícia glória de seu passado, pondo-a em contraste com o progresso do mundo europeu arejado por novas ideias. Os objetivos revolucionários dos neorrealistas eram análogos aos de Antero, Eça e Martins. Em Leiria, porém, tornou-se nítido para Oswald que o inimigo reacionário comum às duas gerações parecia não ter sofrido qualquer derrota nos últimos setenta anos. Em suas impressões futuras, ele deixaria marcado que, na mesma medida em que saltava dos monumentos de pedra "a coragem milenária" dos portugueses, da paisagem viva lhe chegaram cenas de pobreza extrema, que, mesmo sendo uma consequência direta da política estado-novista, lhe pareciam igualmente milenares, como a "miséria em que viviam os pescadores de Espinho" e "as famílias tuberculosas habitando em promiscuidade as tocas do homem primitivo em Monsanto".[44] A percepção de tão longevo fracasso português associada à ascensão nazifascista, que parecia controlar o destino da Europa e da guerra, fez esmorecer a crença na vitória do proletariado que Oswald mantinha.

O neorrealismo português se identificava à luz do farol de Eça. Uma diferença pontual que tornava a luta de 1939 um tanto lúgubre, porém, jazia no fato de que o combate literário ao reacionarismo do Estado Novo era praticamente desprovido do riso, característica central da obra queirosiana.[45] Riso esse — tão caro à Antropofagia — que Oswald fazia questão de manter, mesmo escamoteado na sisudez de *Marco zero*, e confessá-lo essencial às diferentes fases de sua literatura. Diante da austeridade melancólica dos neorrealistas na luta revolucionária, somada à derrota queirosiana testemunhada em Leiria, Oswald percebera que a "espinafração" enquanto arma subversiva não surtia qualquer efeito em Portugal.

Nesse imbróglio, é muito provável que Oswald de Andrade tenha sido apresentado a António Eça de Queirós, filho do romancista português. Porém, no herdeiro não havia qualquer reflexo do pai, mas sim uma cópia atualizada do conde D'Abranhos, personagem do romance homônimo de Eça, estereótipo do homem conservador da elite portuguesa do século XIX: António Eça era subdiretor do SPN e braço direito de António Ferro.

Da mesma forma que ocorreu com Machado de Assis no Brasil, em alguns anos se dariam as comemorações do centenário de Eça de Queirós no mundo literário lusófono. Assim como fizeram com Camões, o objetivo do SPN de António Ferro e António Eça era aproveitar a efeméride e cooptar o grande romancista português a partir de sua fase mais madura, reconhecidamente mais amansada e conciliadora, transformando-o em um homem conservador, simpático anacronicamente ao salazarismo. A tentativa se tornaria frustrada por conta da revisão de uma série de críticos alheios ao interesse do SPN, entre eles Antonio Candido no Brasil, que não mediram a obra de Eça de Queirós pela mesquinharia ideológica do regime português.

Afetado pelas revelações que teve em Leiria, bastante a par do reacionarismo de seu antigo aliado modernista, Oswald de

Andrade manteve os brios para dar cabo de sua última tarefa em solo português: honrar o convite de António Ferro para jantar em sua mansão em Cascais, na companhia de ninguém menos do que Maurice Maeterlinck. O escritor belga e sua esposa, a atriz Renée Dahon, estavam em Lisboa desde julho. Depois de se hospedarem por um bom tempo em um hotel no Estoril, como fizeram Vinicius de Moraes e Tati, os Maeterlinck dispunham agora de um apartamento luxuoso no bairro das Avenidas Novas. Todavia, o casal já conhecia Lisboa. O Prêmio Nobel de 1911, além de amigo íntimo do casal António Ferro e Fernanda de Castro, era próximo também de Salazar, com quem costumava se encontrar. Abertamente favorável ao Estado Novo, Maeterlinck foi o prefaciador do livro *António Salazar: Une Révolution dans la paix*, editado na França em 1937, ano em que também participara da programação do pavilhão de Portugal como convidado de honra na Exposição Internacional de Paris.

A noite transcorreu num equilíbrio bastante tênue, segundo as memórias de Oswald. A eclosão da guerra e a aliança entre a União Soviética e a Alemanha fizeram com que as opiniões tivessem igual peso de incerteza e desconfiança entre os presentes. "Foi um ato de espionagem geral, todos uns para os outros incompreendidos e incompreensíveis. Até o *homard* bem servido parecia suspeito no centro da mesa." Antes do jantar, porém, o idoso Maeterlinck se tornaria grande motivo de preocupação ao se perder no grande jardim da casa de António Ferro. "Serafim Ponte Grande andou perto de fazer uma das dele. Mas não fez. O poeta foi encontrado",[46] contaria depois Oswald, sem confessar o que teria feito Serafim.

6.
Um homem impressionado

Depois de um mês de espera em terras portuguesas, fracassadas as tentativas anteriores de retornar ao Brasil por rotas marítimas duvidosas, Oswald, Julieta e também Vinicius e Tati foram finalmente atendidos pela embaixada brasileira. Graças a alguma espécie de arranjo com o então conde de Galveias, José de Avilez Lobo de Almeida Melo de Castro, membro do conselho de administração da Companhia Nacional de Navegação, o paquete *Angola*, que havia servido ao general Carmona em sua recente viagem, seria extraordinariamente tirado de sua carreira africana para servir à demanda de passageiros rumo ao Brasil. Afinal, o próprio conde desejava visitar sua filha, residente no Rio de Janeiro, casada com um brasileiro, e desde o início da guerra se descobrira sem meios de fazê-lo. O *Angola*, de tamanho menor do que os transatlânticos de costume, zarparia no dia 6 de outubro e levaria consigo 538 passageiros, sob a responsabilidade do capitão Rafael Nazaré Cardoso.

Três dias antes da partida, Oswald de Andrade daria sua primeira e última entrevista para a imprensa portuguesa contando sua insólita estadia na Europa. O *Diário de Lisboa* foi encontrá-lo em seu quarto de hotel no Chiado, numa quarta-feira chuvosa e melancólica. Julieta, por acaso, não estava presente. As malas do casal já estavam prontas e etiquetadas no canto do quarto. Oswald ofereceu ao repórter um dos últimos exemplares disponíveis de seu *Teatro*, editado pela José Olympio. Na boca, um charuto "apagado, seco, amargo", que o jornalista interpretaria como um símbolo da postura fatalista do escritor brasileiro diante da guerra. Sob o título "Osvaldo de Andrade, o seu desencanto pela Europa", a matéria se explica no primeiro parágrafo:

> Osvaldo de Andrade é a primeira vítima da guerra. Os acontecimentos surpreenderam-no em Paris, onde a sua emoção literária e o seu espírito rebelde tinham ido procurar a Europa de 1920. O grande escritor brasileiro vem desencantado. O que morreu no mundo? O que vai nascer no mundo? A sua emoção febril debruça-se sobre este continente inquieto, procurando divisar a sua esperança, ou a sua fatalidade. Talvez seja cedo demais. Ele é sincero.

> — Saí de Paris, como tantos estrangeiros, a quem a guerra cortou uma viagem de espírito e curiosidade. Nos primeiros momentos, a população julgava que a guerra, com as suas surpresas, tanto podia vir do céu, como do buraco duma fechadura.
> — Pensa em escrever algum livro dessas impressões?
> — Sim! *A guerra invisível, diário dum cronista.*
> — Para alguma coisa, então, serviu esse choque.

O escritor paulista comenta ainda a possível influência de Steinbeck, Passos ou Hemingway sobre a ficção brasileira, lista quatro poetas mulheres à pergunta sobre a poesia nacional (Oneyda Alvarenga, Mietta Santiago, Adalgisa Nery e, claro, Julieta Barbara), faz elogios à crítica literária portuguesa, mas dos ficcionistas cita apenas o velho conhecido Aquilino Ribeiro. Por fim, fala estrategicamente da "geração antropófaga" para justificar a geração de Jorge Amado:

— É uma selva! O poder de criação chega a sufocar. A nossa geração, a minha, foi uma geração antropófaga. Destruiu todos os elementos europeus que enchiam a literatura brasileira, sacrificando-se depois para deixar passar a seguinte, mesmo antes da cabeça se encher de cabelos brancos... Hoje, temos Jorge Amado, Graciliano Ramos, Lins do Rego, Erico Verissimo e uma figura muito importante, ainda inédita, Aníbal Machado, que será um dos maiores do romance brasileiro.

Dada a enorme demanda de passageiros em fuga para o Brasil, o dia da partida do *Angola* acabou se tornando um grande acontecimento. No cais lisboeta, centenas de pessoas foram se despedir de seus familiares e amigos. De acordo com a imprensa, estiveram presentes na solenidade o embaixador brasileiro Araújo Jorge, o já velho almirante português Gago Coutinho, um considerável número de jornalistas, estrelas do teatro e do cinema de Portugal, além de eminentes banqueiros e diplomatas. Afinal, entre os passageiros ilustres não estavam apenas Oswald de Andrade e o jovem poeta Vinicius de Moraes. Retornavam também no paquete os brasileiros Castro Maya, colecionador de arte, Ernesto Pereira Carneiro, empresário e fundador do Clube Náutico Capibaribe, Antonio Pereira Ignácio, português radicado no Brasil e fundador do Grupo Votorantim, e alguns estrangeiros ilustres de então, como o famoso osteopata canadense Williams James Douglas, a Miss Portugal de 1929, Fernanda Gonçalves Calvet de Magalhães, o industrial italiano Beniamino Bordoni, acompanhado da princesa russa Elena Siska Bordoni, o vice-governador do Banco de Portugal, Fernando Emygdio da Silva, que iria ao Rio de Janeiro se reunir no Palácio do Catete com o ministro da Fazenda, Artur de Sousa Costa, e o conde de Galveias, proprietário do *Angola*. A pomposa circunstância em que se transformaria a partida do navio não refreou Vinicius de Moraes de, pela manhã, deixar um bilhetinho rimado e sarcástico na mesa do embaixador Araújo Jorge em resposta à sua longa omissão em socorrer os refugiados brasileiros: "Meu navio larga às seis/ muito obrigado por tudo/ que vossa excelência não fez/ Espero imenso não vê-lo/ quando da próxima vez".[1]

No dia seguinte ao embarque, *Dom Casmurro* publicaria mais um novo trecho de *Marco zero*, chamado "Suicídio". Assim como os fragmentos anteriormente publicados, "Suicídio" não se faz presente nem tem relação com os acontecimentos de *A revolução melancólica* ou de *Chão*, apesar da aparição de personagens recorrentes nos dois volumes. Composto praticamente de diálogos de personagens e transeuntes em torno do corpo de uma suicida estirado no asfalto, é provável que o texto já estivesse nas mãos de Jorge Amado desde antes da partida de Oswald para a Europa e aguardasse apenas um espaço livre na revista para que fosse publicado. Dadas as idiossincrasias da viagem pautadas pela urgência dos acontecimentos, parece difícil que Oswald tenha retornado com a devida diligência à trama gigantesca de *Marco zero*, cujos cadernos de originais permaneceram guardados em seu apartamento carioca durante os meses de sua ausência.

Para sinalizar a neutralidade de Portugal diante do conflito internacional, o *Angola*, diferentemente dos navios das nações em guerra, saiu com as luzes todas acesas do rio Tejo e assim chegou nas águas do Atlântico, nas primeiras horas da noite. Foi então que o capitão Cardoso se viu obrigado a interromper a travessia ao ser interpelado por um destróier da Marinha inglesa vindo em sua direção. O desespero tomou conta dos passageiros desavisados e, segundo o testemunho de Tati, algumas senhoras portuguesas se puseram de joelhos a rezar no convés esperando o pior. A embarcação britânica buscava em vão por alemães a bordo e, esclarecido o seu propósito, deu permissão para o *Angola* seguir viagem em direção à sua única escala na ilha da Madeira. Uma vez ancorados no Funchal, Oswald e Julieta resolveram, por que não, adquirir de última hora móveis novos para o apartamento vazio do Leme, graças à ajuda financeira de Vinicius. A viagem transcorreu na sequência sem maiores adversidades, a não ser já na altura da costa do Nordeste brasileiro, onde foram avistados por alguns minutos vários caixotes e outros objetos boiando no mar. Provavelmente restos do que sobrara do navio inglês de turbina a vapor SS *Clement*, torpedeado não muito longe dali pelo famoso cruzador alemão *Graf Spee*.

Finalmente às sete horas da manhã do dia 23 de outubro, o *Angola* chega são e salvo ao cais do Touring, na baía de Guanabara. Por ele aguardava um grande grupo de portugueses à espera de familiares vindos da Europa. Embora trouxesse dezenas de brasileiros, a maior parte dos passageiros que desembarcaram no Rio de Janeiro era de lusitanos tresmalhados da guerra e dispostos a se estabelecer no país. Uma chuva de serpentina com as cores das bandeiras do Brasil e de Portugal foi jogada do convés enquanto a pequena orquestra do navio executava seu repertório folclórico português para a plateia no cais. Devido à inesperada quantidade de estrangeiros propensos a viver no Brasil, houve uma considerável demora no desembaraço da polícia marítima e o desembarque aconteceu somente três horas depois da chegada do paquete. De terno branco, óculos escuros redondos, um tanto abatido e emagrecido, Oswald de Andrade posava para fotógrafos brasileiros, ao lado dos demais ilustres passageiros do *Angola*, e respondia às mais variadas perguntas enquanto mal punha os pés em terra firme. Repetiu para alguns jornalistas que havia encontrado Plínio Salgado em Lisboa e que o ex-líder integralista, diante do pacto entre Alemanha e União Soviética, admitia agora ser liberal. Da mesma maneira jocosa, Oswald afirmou que Maurice Maeterlinck havia lhe confidenciado seu grande interesse em viver os anos de velhice no Brasil. Reclamou da nulidade da representação diplomática do país em Lisboa em relação ao desespero dos brasileiros. Sobre a guerra, declarou sucintamente que França e Inglaterra perderiam fatalmente e que a Europa, em breve imersa em profundo caos social e político, iria desaparecer do mapa geopolítico mundial. Afirmou que a nova guerra encerrava o conflito de dois séculos: a guerra austera dos canhões pesados do século XIX misturada às velozes tecnologias do avião e do rádio, naturais do século XX. Por fim, enquanto mostrava aos jornalistas as três máscaras antigás que havia comprado em Paris, o escritor deu detalhes do livro que teria começado a escrever na Europa. Confirmou o "expressivo título" *A guerra invisível*, que, de acordo com as anotações do repórter do *Diário de Notícias*, "conterá todas as observações do escritor sobre a guerra terrível que se desenvolve fora do campo de luta. A propaganda pelo rádio, pela imprensa, pelos comentários, de boca em boca".

Na manhã seguinte, descansados e já de volta ao apartamento do Leme, Oswald e Julieta receberam Joel Silveira, enviado especial do Suplemento Literário de *Diretrizes*, interessado no périplo do casal iniciado na não realização do congresso do PEN Club em Estocolmo. No início da matéria, que ocuparia a última página inteira do suplemento, Silveira descreveu em detalhes valiosos o que encontrou ao tocar a campainha do apartamento 102 do Edifício Tietê:

De madrugada, às nove horas, estávamos no apartamento do Leme. Encontramos o herói dormindo, dormindo placidamente no meio dos caixotes das malas, dos quadros, e de uma enorme cesta de laranjas, abacaxis e bananas; frutas da terra que o bairrismo paulista de Julieta Barbara se encarregara de mandar buscar logo cedo. Julieta Barbara vai tirá-lo da cama, enquanto informa que a viagem foi péssima,

cheia de apreensões, o navio trepidante, a comida horrível,
e lastima-se de não encontrar água nesta muito respeitável
cidade de São Sebastião do Rio de Janeiro.

O ambiente é o que pode haver de mais Oswald de Andrade. Parece um cenário ideado por ele para uma peça no
gênero de *O homem e o cavalo*. Quadros por toda a parte,
nas paredes, no chão; caixotes fechados, caixotes aber-
tos, caixotes de todo o jeito, de todo o feitio; malas, a um
canto uma barraca de praia, em outro a mobília [adquirida
na ilha da Madeira] toda agrupada, uma peça por cima da
outra. Uma das paredes é uma enorme janela de onde se
vê o Leme, o mar, gente lá embaixo na areia, Copacabana
toda. E no meio disso tudo Oswald de Andrade, em camisa
sport, sentado numa cadeira que ele batizou de "a cadeira
do papa", chupa laranjas e conversa...

Mas não é o enfant terrible, o *blaguer* inveterado quem
fala, é um homem impressionado, sério, um homem que
vem da Europa e traz os olhos encharcados das cenas que viu.

Oswald repisa os principais pormenores da aventura europeia,
fala da estadia em Portugal, alude à boa recepção portuguesa
aos novos romancistas brasileiros e aparenta grande entusiasmo
ao se referir à nova geração de escritores portugueses:

— Não se pode fazer ideia do que eles são, do que eles fazem, do que eles querem realizar. São cerca de vinte rapazes de grande talento...

— Vinte? E onde estão, que fazem que ninguém os
conhece?

— Pouco publicam. Modernismo não tem circulação em
Portugal. O sinal está fechado. O António Ferro deu [isto
é, transformou-se em] um inspetor de trânsito exigente.

Diferentemente da entrevista que deu ao *Diário de Lisboa*, Oswald cita uma considerável quantidade de escritores portugueses que presumivelmente havia lido no último mês. Fala do grupo presencista ao elogiar João Gaspar Simões, José Régio, Casais Monteiro e também António Sérgio. Do lado neorrealista, cita Manoel da Fonseca, Mário Dionísio, Álvaro Cunhal, Jorge Domingues, Piteira dos Santos e Manoel Campos Lima, e afirma que Alves Redol é "uma das figuras mais fortes de Portugal moderno". Joel Silveira o interrompe para perguntar pelo novo livro.

— Está pronto?
— Não, nessa atrapalhação de viagem é impossível, tenho notas, das páginas prontas, observações interessantíssimas, que conto reunir e publicar o mais breve possível sob o título de *A guerra invisível*.

Oswald percebe que está atrasado para ir à cidade. Se arruma, sai de casa e, na companhia de Joel Silveira, toma um táxi sob o sol da avenida Atlântica. Após breve conversa, o escritor desce do carro, levando a tiracolo, em plena avenida Central, uma das máscaras antigás que trouxe da guerra.

— Para que isso, Oswald?
— Não sei andar mais sem isso. De mais a mais, vou levá-la para expor no José Olympio, ele ficar-me-á agradecido. Será reclame para a casa.

Uma gargalhada trágica

Após a entrevista para o suplemento de *Diretrizes*, Oswald nunca mais tornou a falar em *A guerra invisível*. Sobre a viagem, revisitaria esporadicamente em suas crônicas e memórias os episódios que julgaria notáveis, mas o faria já destituído do espanto proporcionado pelo início da guerra. Por sua vez, a máscara antigás fez sucesso entre os frequentadores da José Olympio. O próprio editor, achando graça da novidade, resolveu posar para uma fotografia vestido com o artefato, que lhe repuxava os cabelos, ao lado de Oswald.

Definitivamente desvinculado do *Meio-Dia*, o escritor se deu também por satisfeito de sua breve aventura carioca. Em carta a Nonê e Adelaide (irmã mais nova de Julieta e agora namorada do filho de Oswald), Julieta Barbara explicaria os pormenores da mudança de retorno à capital paulista. O apartamento no Leme, contudo, seria mantido no nome da poeta até o final de sua vida.

Oswald tratou de recuperar a disciplina que vinha mantendo antes da viagem para conseguir concluir *Marco zero*. Em março de 1940, *Dom Casmurro* anunciava que, isolado no sítio de São Pedro, "o papa do modernismo escreve incessantemente, garantindo para agosto" o aparecimento do primeiro volume da obra. Nos meses seguintes, foram publicados na imprensa dois novos trechos de seu ciclo romanesco. Seriam os últimos até a chegada de *A revolução melancólica* nas livrarias. No intervalo entre eles, semanalmente uma série de pequenos anúncios da

José Olympio davam a entender que *Marco zero* já estaria no prelo. Porém, a partir de junho, o nome do livro desapareceria dos jornais. O prazo não poderia ser cumprido e, como se sabe, demoraria mais três anos para que o romance fosse finalmente publicado.

No final de julho de 1940, Jorge Amado assumiria o posto de Oswald no *Meio-Dia*, editando uma nova seção chamada "Letras-Artes-Ciência". Porém, ao ver no mês seguinte uma propaganda pró-nazista impressa na sua página sem o seu consentimento, decidiu se afastar do jornal de Inojosa. Pondo panos quentes no imbróglio, em comum acordo com o escritor baiano, o *Meio-Dia* informaria em setembro que a saída de Jorge se dava por conta de sua viagem a Ilhéus com o objetivo de concluir o romance *Sinhô Badaró*. O episódio, porém, renderia dores de cabeça futuras para Jorge Amado.

Ainda no mesmo ano, em novo número do Suplemento Literário de *Diretrizes*, Oswald apareceria numa fotografia vestido com o mesmo terno branco com que desembarcara do *Angola* e segurando nas mãos uma das outras máscaras que havia comprado para si em Paris. A entrevista, feita já em sua casa na rua Martiniano de Carvalho, em São Paulo, tratava da polêmica em torno de sua candidatura incendiária para a Academia Brasileira de Letras. O autor de *Serafim* decidira concorrer à vaga deixada por Luís Guimarães, mas resolvera fazer campanha longe do ambiente acadêmico. Lançou-se como o "candidato do povo" e planejava uma propaganda intensa pelo rádio e pelos jornais. A tática era pura provocação ao comezinho processo interno de eleição entre os candidatos à imortalidade, baseado em bajulações, jantares e trocas de interesse. Numa metáfora bélica, Oswald deixava bem clara a sua intenção: "Não espero ser eleito. O meu destino é de um paraquedista que se lança sobre uma formação inimiga: ser estraçalhado". Ao final do pleito, o candidato Manuel Bandeira se sagraria como o mais novo membro da ABL, com 21 votos. Oswald recebeu apenas um — e não foi de seu companheiro de PEN Clube, Cláudio de Souza, mas de seu antigo amigo modernista, de tempos anteriores à Semana de Arte Moderna, Guilherme de Almeida, conforme se revelou décadas depois.

A revolução melancólica veio a público finalmente em setembro de 1943 e foi recebido por três críticas bastante distintas. A primeira, de Willy Lewin, afirmava que, apesar de classificar Oswald como "brilhante", achou o romance ruim e confuso, afirmando que não bastava o escritor idealizar "um vasto romance cíclico, rico de motivos ou flagrantes da vida brasileira, para que isto, por si só, constitua plano ou construção".[1] A segunda, escrita pelo amigo Roger Bastide, ponderava que, apesar da confusão, *A revolução melancólica* era bom, chamando-o curiosamente de "um exemplo típico de tropicalismo literário, não mais rural [e exótico,] mas tropicalismo urbano, à imagem de São Paulo, de que o livro quer ser pintura". E complementava: "Oswald mistura as cartas, confunde os lugares, passa de uma personagem a outra, de uma intriga a outra, salta as tradições metodológicas e refaz a floresta tropical".[2] A última, de autoria de Álvaro Gonçalves, asseverava que, devido justamente à confusão narrativa, o romance era excelente: "É a torrente após a ruptura do dique [...] tem todos os vícios e todas as virtudes de um grande romance. [...] Uma gargalhada trágica, sinistra e sonora dentro de uma sala em confusão".[3]

Em abril de 1945, enquanto o Exército Vermelho de Stálin avançava sobre Berlim com o objetivo de extinguir de uma vez por todas a Alemanha nazista, *Chão*, o segundo volume de *Marco zero*, chegava às livrarias. O casamento com Julieta Barbara já havia se dissolvido e Mário de Andrade morrera em fevereiro. Em julho, Oswald publica então a tese *A arcádia e a Inconfidência*, com a qual conquistara em maio a livre-docência da Faculdade de Filosofia, Ciências e Letras da Universidade de São Paulo.

No final daquele ano, o escritor romperia com o Partido Comunista e com Jorge Amado ao mesmo tempo. Teria entendido que o romancista baiano, que então havia se mudado para São Paulo, lhe roubara a vaga de candidato a deputado estadual com a conivência do partido. Em uma reunião com cerca de uma dúzia de membros do PCB, Oswald, possesso, o acusou de ser um "espião barato do nazismo" desde os tempos do *Meio-Dia*. Afirmou que, ainda em finais de 1939, Jorge havia mediado um encontro seu com um diplomata da embaixada alemã ligado à Transocean, interessado em publicar por trinta contos *A guerra invisível*, desde que a narrativa se adaptasse de forma favorável à Alemanha. A acusação foi entendida como mais uma injúria desmedida inventada por Oswald. Os dois romancistas nunca mais voltariam a se falar. Os rascunhos de *A guerra invisível* deixariam de ser uma prioridade literária para Oswald e, como efeito, acabariam vítimas da inconstância arquivística do escritor, extraviando-se de sua coleção de cadernos manuscritos que resistiu ao tempo.

Notas

À sua inexpugnável desobediência [pp. 7-11]

1. Jorge Schwartz, "Provisoriamente definitivo". In: Oswald de Andrade, *Obra incompleta*. São Paulo: Edusp, 2021, p. XXI.
2. Ibid., p. XXII.

1. A insônia internacional [pp. 13-21]

1. Genolino Amado, "A insônia internacional". *O Jornal*, Rio de Janeiro, 18 set. 1938.
2. Nenê Alcântara, "O lugar preferido". *Diário Carioca*, Rio de Janeiro, 18 ago. 1937, p. 46.
3. A. Brad Schwartz, *Broadcast Hysteria*. Nova York: Hill & Wang, 2015, p. 17.
4. Victor de Carvalho, "Cartas de Nova York". *Correio da Manhã*, Rio de Janeiro, 19 nov. 1938, p. 3.
5. Nathan Morley, *Radio Hitler: Nazi Airwaves in the Second World War*. Stroud: Amberley, 2021, p. 13.
6. George Prochnik, *In Pursuit of Silence*. Nova York: Anchor, 2010, p. 68.
7. André Barbosa Filho, "Pauliceia radiofônica: Gêneros e formatos". In: José Marques de Melo, Antonio Adami (Orgs.), *São Paulo na idade mídia*. São Paulo: Arte e Ciência, 2004, p. 135.
8. "Letras e Artes". *Diário de Notícias*, Rio de Janeiro, 25 out. 1936, p. 3.
9. Oswald de Andrade, "Análise de dois tipos de ficção". *Literatura e Psicanálise*. São Paulo: Edusp, 2007, p. 209.

2. O homem do povo [pp. 22-40]

1. Oswald de Andrade, "O caminho percorrido". In: Id., *Ponta de lança*. São Paulo: Globo, 1990, p. 95.
2. Benedito Nunes, "A Antropofagia ao alcance de todos". In: Oswald de Andrade, *A utopia antropofágica*. São Paulo: Globo, 1990, p. 21.
3. Bruna Della Torre de Carvalho Lima, *Vanguarda do atraso ou atraso da vanguarda?: Oswald de Andrade e os teimosos destinos do Brasil*. São Paulo: Alameda, 2019, p. 51.
4. Vera Chalmers, *3 linhas e 4 verdades*. São Paulo: Duas Cidades, 1976, p. 120.

5. Benedito Nunes, op. cit., p. 23.
6. Geraldo Ferraz, *Depois de tudo*. São Paulo: Paz e Terra, 1983, p. 22.
7. Jorge Vergara, "Homofobia e efeminação na literatura brasileira: O caso Mário de Andrade". *Revista Vórtex*, Curitiba, v. 3, n. 2, pp. 98-106, 2015.
8. Oswald de Andrade, *Os dentes do dragão*. São Paulo: Globo, 2009, p. 161.
9. Id., *A escada*. São Paulo: Globo, 1991, pp. 57-66.
10. Lívio Xavier, "Quarenta anos de Antropofagia". *O Estado de S. Paulo*, São Paulo, 28 abr. 1968. Suplemento Literário.
11. Augusto de Campos, "Notícia impopular de *O Homem do Povo*". In: Oswald de Andrade, Patrícia Galvão (Pagu), *O Homem do Povo*. São Paulo: Imprensa Oficial, 2009, p. 57.
12. Flávio de Carvalho, "O antropófago Oswald de Andrade". *Manchete*, Rio de Janeiro, 14 out. 1967, p. 98.
13. Mário de Andrade, "O movimento modernista". In: Id., *Aspectos da literatura brasileira*. São Paulo: Martins, 1972, p. 237.
14. Antonio Candido, "A revolução de 1930 e a cultura". In: Id., *A educação pela noite*. Rio de Janeiro: Ouro sobre Azul, 2017, p. 220.
15. Ibid., p. 235.
16. Oswald de Andrade, "Hora H". In: Id., *Estética e política*. São Paulo: Globo, 1991, p. 46.
17. Bruna Della Torre de Carvalho Lima, op. cit., pp. 51-2.
18. Oswald de Andrade, *O rei da vela*. São Paulo: Globo, 1990, p. 42.
19. Sábato Magaldi, "A mola propulsora da utopia". In: Oswald de Andrade, *O homem e o cavalo*. São Paulo: Globo, 1990, p. 13.
20. Oswald de Andrade, *O homem e o cavalo*. In: Id., *Teatro: A morta, O rei da vela, O homem e o cavalo*. Rio de Janeiro: Civilização Brasileira, 1973, pp. 148, 221, 219.
21. Paulo Emílio Sales Gomes, *Cinema e política*. São Paulo: Companhia das Letras, 2021, p. 50, edição Kindle.
22. Oswald de Andrade, "Bilhetinho a Paulo Emílio". In: Paulo Emílio Sales Gomes, *Cinema e política*. São Paulo: Companhia das Letras, 2021, p. 53, edição Kindle.
23. Jorge Amado, "O homem e o cavalo". In: Oswald de Andrade, *Panorama do fascismo, O homem e o cavalo, A morta*. São Paulo: Globo, 2000, p. 17.
24. Sábato Magaldi, *Teatro da ruptura: Oswald de Andrade*. São Paulo: Global, 2004, p. 154.
25. Oswald de Andrade, "Carta-prefácio do autor". In: Id., *Teatro: A morta, O rei da vela, O homem e o cavalo*, op. cit., p. 3.
26. Oswald de Andrade, *Os dentes do dragão*. São Paulo: Globo, 2009, p. 132.
27. Antonio Candido, "Estouro e libertação". In: Id., *Brigada ligeira*. Rio de Janeiro: Ouro sobre Azul, 2004, p. 22.

28. Oswald de Andrade, *Os dentes do dragão*. São Paulo: Globo, 2009, p. 133.
29. Wagner Fredmar Guimarães Júnior, "A representação do povo em *Marco zero*, de Oswald de Andrade". *Recorte*, Três Corações, v. 15, n. 2, jul./dez. 2018.
30. Celso Furtado, *Ensaios sobre cultura e o Ministério da Cultura*. Rio de Janeiro: Contraponto, 2012, p. 39.
31. Lucia Helena, "Marco Zero: Sementeira... Sangue... São Paulo". In: Maria Eugênia Boaventura (Org.), *Remate de Males*. Campinas, Ed. da Unicamp, n. 6, 1986, p. 48.
32. Amy Sargeant, *Vsevolod Pudovkin: Classic Films of the Soviet Avant-Garde*. Londres: Tauris, 2001, p. 178.
33. Flora Süssekind, *Tal Brasil, qual romance?*. Rio de Janeiro: Achiamé, 1984, p. 161.
34. Orlando Figes, *Natasha's Dance*. Nova York: Picador, 2002, p. 474.
35. Ilya Ehrenburg, *Memórias: A Europa sob o nazismo*. Rio de Janeiro: Civilização Brasileira, 1966, v. 4, p. 38.
36. Orlando Figes, op. cit.
37. Oswald de Andrade, *Telefonema*. Rio de Janeiro: Civilização Brasileira, 1976, p. 71.
38. Ibid., pp. 72-3.

3. Banho de sol [pp. 41-68]

1. A exposição, que funcionou ao longo de todo o mês de janeiro, contava com uma série de pavilhões que representavam a prefeitura do então Distrito Federal, os ministérios do governo de Getúlio, o próprio Departamento Nacional de Propaganda e um especificamente denominado Pavilhão Anticomunista. Além do parque de diversões com preços reduzidos durante a exposição, havia bares, restaurantes, cinema ao ar livre e espetáculos diários de fogos de artifício.
2. In: Maria Eugênia Boaventura. *O salão e a selva*. São Paulo: Ex-Libris, 1995, p. 186.
3. Jason Tércio, *Em busca da alma brasileira*. Rio de Janeiro: Estação Brasil, 2019, p. 421.
4. Outra inquilina famosa do prédio de Sérgio Buarque de Holanda era Frédy Blank, amante de Manuel Bandeira.
5. Marcos Antonio de Moraes, "'Abrasileirar o Brasil' (Arte e literatura na epistolografia de Mário de Andrade)". *Caravelle*, Toulouse, n. 80, p. 42, 2003.
6. Em 1940, o *Meio-Dia* assume o seu real posicionamento político e apoia abertamente a Alemanha nazista. Porém, com a criação do DIP, Inojosa começa a sofrer represálias do governo brasileiro. Consequentemente, outros órgãos estatais, como o Conselho Nacional de Imprensa (CNI), a

Interventoria do Rio Grande do Sul e, por fim, o temível Departamento de Ordem Política e Social (Dops), põem os olhos sobre o jornal. Em 1942, com a declaração de guerra do Brasil à Alemanha, o *Meio-Dia*, desmascarado e sem os recursos financeiros nazistas, fecha as portas.

7. Os exemplares do ano de 1939 do jornal *Meio-Dia* contendo os textos escritos por Oswald encontram-se até o presente momento não digitalizados, mas guardados tanto na Biblioteca Nacional do Rio de Janeiro como na hemeroteca do Instituto Histórico Geográfico Brasileiro (o IHGB), também localizado no Rio de Janeiro. Durante a pesquisa deste livro, por conta da pandemia da covid-19, o acesso a esses locais permanece fechado ao grande público e aos pesquisadores. Portanto, e por sorte, os excertos dos textos de Oswald escritos para o *Meio-dia* recuperados aqui foram encontrados em duas outras publicações que os reproduziram posteriormente: num longo texto assinado pelo próprio Joaquim Inojosa para o Suplemento Literário do *Estado de S. Paulo* publicado em 20 de outubro de 1974, sob o título "Cronista Oswald de Andrade", contendo o resumo e trechos de quase a totalidade dos "Banhos de sol" do escritor paulista; e também no livro de Joel Silveira e Geneton Moraes Neto, *Hitler/Stálin — o pacto maldito*, editado em 1985 pela Record, no qual reproduzem e revisitam os bastidores de parte da imprensa carioca nas vésperas do estopim da Segunda Guerra Mundial.

8. Ver nota 7, capítulo 3.

9. Oswald de Andrade, *Telefonema*, op. cit., p. 141.

10. Silvia Cortez Silva, *Tempos de Casa-grande (1930-1940)*. São Paulo: Perspectiva, 2010, p. 37.

11. Oswald de Andrade, *Telefonema*, op. cit., pp. 140-1.

12. Alfredo Cesar Melo, "A outra América de Gilberto Freyre". *Revista USP*, São Paulo, n. 112, pp. 55-66, 2017.

13. Ver nota 7, capítulo 3.

14. Darcy Ribeiro, *Gentidades*, 2. ed. São Paulo: Global, 2017, p. 24.

15. John Dewey foi professor de Anísio Teixeira em 1927 e o principal influenciador de sua pedagogia. Assim como Gilberto Freyre, Anísio estudou nos Estados Unidos, também na Universidade Columbia.

16. Alfredo Cesar Melo, op. cit., p. 56.

17. O livro *New Deal Modernism: American Literature and the Invention of the Welfare State*, de Michael Szalay (Durham: Duke University Press, 2000), afirma que durante o New Deal a arte não se tornaria uma commodity, mas um processo de produção coordenado administrativamente. Não haveria, portanto, nenhum objeto literário cuja demanda o Estado precisasse aprimorar; em vez disso, a arte se tornaria uma atividade inteiramente processual, uma forma de recreação que todos poderiam realizar, independentemente de sua formação ou talento.

18. Ver nota 7, capítulo 3.
19. Ver nota 7, capítulo 3.
20. Moacir Werneck de Castro, *Mário de Andrade: Exílio no Rio*. Rio de Janeiro: Rocco, 1989, p. 69.
21. Karla Monteiro, *Samuel Wainer: O homem que estava lá*. São Paulo: Companhia das Letras, 2020, p. 80.
22. Rubens Borba de Moraes, *Lembrança de Mário de Andrade/ 7 cartas*. São Paulo: Digital Gráfica, 1979, pp. 29-30.
23. Mário de Andrade, "Começo de crítica". *Diário de Notícias*, Rio de Janeiro, 5 mar. 1939, p. 2.
24. João Luiz Lafetá, *1930: A crítica e o Modernismo*. São Paulo: Ed. 34, 2000, p. 153.
25. Ver nota 7, capítulo 3.
26. Carta a Murilo Miranda, 10 jul. 1944. Nota deslocada de Marcos Antonio de Moraes, *Correspondência Mário de Andrade & Manuel Bandeira*. São Paulo: Edusp, 2001, p. 443.
27. Mário de Andrade, *Entrevistas e depoimentos*. São Paulo: T. A. Queiroz, 1983, p. 79.
28. "Block Notes". *Dom Casmurro*, Rio de Janeiro, 12 ago. 1939, p. 8.
29. Mário de Andrade, "Começo de crítica". *Diário de Notícias*, Rio de Janeiro, 27 ago. 1939, p. 2.
30. Jorge Vergara, "Homofobia e efeminação na literatura brasileira: O caso Mário de Andrade". *Revista Vórtex*, Curitiba, v. 3, n. 2, p. 107, 2015.
31. Alfredo Bosi, *História concisa da literatura brasileira*. São Paulo: Cultrix, 1994, p. 392.
32. Josélia Aguiar, *Jorge Amado: Uma biografia*. São Paulo: Todavia, 2019, p. 331.
33. Ver nota 7, capítulo 3.
34. Osório Borba, "De novo na pensão Souza". *O Jornal*, Rio de Janeiro, 16 jul. 1939.
35. Id., "A casa de pen... são". *O Jornal*, Rio de Janeiro, 21 maio 1939.
36. Graciliano Ramos, "Conversa de livraria". *Diretrizes*, Rio de Janeiro, nov. 1939. Suplemento Literário.

4. A guerra invisível [pp. 69-83]

1. Ilya Ehrenburg, *Memórias: A Europa sob o nazismo*. Rio de Janeiro: Civilização Brasileira, 1966, v. 4, p. 250.
2. Roger Moorhouse, *O pacto do diabo*. Rio de Janeiro: Objetiva, 2014, localização Kindle 873-874.
3. Thomas Mann, *Diaries: 1918-1939*. Nova York: Harri N. Abrams, 1982, p. 335.
4. Joel Silveira, Geneton Moraes Neto, *Hitler/Stálin: O pacto maldito*. Rio de Janeiro: Record, 1989, p. 397.

5. Ilya Ehrenburg, op. cit., p. 250.
6. Virginia Woolf, *Diários*. Lisboa: Relógio d'Água, 2018, p. 619.
7. In: Maria Eugênia Boaventura, *O salão e a selva*. Campinas: Ed. da Unicamp, 1995.
8. Bertolt Brecht, *Diário de trabalho, v. 1: 1938-1941*. Rio de Janeiro: Rocco, 2002, p. 38.
9. Ibid., p. 42.
10. Martin Esslin, *Brecht: Dos males, o menor*. Rio de Janeiro: Zahar, 1979, p. 77.
11. Oswald de Andrade, *Os dentes do dragão*. São Paulo: Globo, 2009, pp. 93-4.
12. Werner Sombart, *El burgués*. Madri: Alianza, 1977, p. 330.
13. Oswald de Andrade, *Os dentes do dragão*, op. cit., p. 94.
14. Id., *A utopia antropofágica*. São Paulo: Globo, 2011, p. 86.
15. Id., *Os dentes do dragão*, op. cit., p. 89.
16. Simone de Beauvoir, *A força da idade*. Rio de Janeiro: Nova Fronteira, 2010, p. 379.
17. Ibid.
18. Arnon de Mello, "Paris vive às escuras e deserta". *O Jornal*, Rio de Janeiro, 6 out. 1939, p. 1.
19. Oswald de Andrade, *Os dentes do dragão*, op. cit., p. 90.
20. Ibid.
21. Lindolfo Collor, *Europa 1939*. Porto Alegre: Fundação Paulo do Couto e Silva, 1989, p. 281.
22. Bertolt Brecht, *Diário de trabalho, v. 1: 1938-1941*. Rio de Janeiro: Rocco, 2002, p. 39.
23. Marcel Camus, *A guerra começou, onde está a guerra?*. São Paulo: Hedra, 2014, p. 21.
24. Jean-Paul Sartre, *Diário de uma guerra estranha*. Rio de Janeiro: Nova Fronteira, 2005, p. 18.
25. Ilya Ehrenburg, op. cit., p. 252.
26. Oswald de Andrade Filho, *Dia seguinte & outros dias*. São Paulo: Códex, 2004, p. 70.

5. Hipócritas, recalcados e tímidos [pp. 84-108]

1. Norberto de Araújo, *Peregrinações em Lisboa: Livro XII*. Lisboa: Vega, 1993, p. 98.
2. Arnon de Mello, "Paris vive às escuras e deserta". *O Jornal*, Rio de Janeiro, 6 out. 1939, p. 1.
3. Apud Maria Eugenia Boaventura, *O salão e a selva*. Campinas: Ed. da Unicamp, 1995, p. 168.

4. *O Diabo*, Lisboa, ano VI, n. 262, 30 set. 1939. Fundação Mário Soares/ Fundo Documentos Luís Trindade (DLT). Disponível em: <hdl.handle. net/11002/fms_dc_44750>.
5. "Chega hoje ao Rio o *Italia*". *Jornal do Brasil*, Rio de Janeiro, 3 abr. 1924.
6. Antonio Arnoni Prado, *Itinerário de uma falsa vanguarda*. São Paulo: Ed. 34, 2010, p. 164.
7. Uma pequena nota curiosa: Plínio colaborou com a *Revista de Antropofagia* nos dois primeiros números, com um longo artigo sobre a língua tupi.
8. Augusta Garcia Dorea, *O romance modernista de Plínio Salgado*. São Paulo: Ibrasa, 1978, p. 29.
9. Jorge Amado, *O cavaleiro da esperança*. Rio de Janeiro: Record, 1987, p. 270.
10. "Bisogna non copiare". *O Homem do Povo*, São Paulo, p. 3, 28 mar. 1931.
11. Augusta Garcia Dorea, op. cit., p. 22.
12. Escreveria em Lisboa nos anos de guerra *A vida de Jesus*, livro que o conciliaria com a ideologia do Estado Novo português, aproximando-o de António Ferro e de António de Oliveira Salazar.
13. Oswald de Andrade, *Telefonema*. São Paulo: Globo, 2000, p. 468.
14. Tania Martuscelli, *(Des)conexões entre Portugal e Brasil*. Lisboa: Colibri, 2016, p. 105.
15. Maria Eugenia Boaventura (Org.), *22 por 22: A Semana de Arte Moderna vista pelos seus contemporâneos*. São Paulo: Edusp, 2000, p. 50.
16. Tania Martuscelli, op. cit., p. 105.
17. Artur Portela, *Salazarismo e artes plásticas*. Lisboa: Instituto de Cultura Portuguesa, 1987, p. 59, apud Daniel Melo, *Salazarismo e cultura popular*. Lisboa: ICS, 2013, p. 222.
18. Maria Cristina de Carvalho dos Anjos, *O turismo no eixo costeiro Estoril-Cascais (1929-1939)*. Lisboa: Faculdade de Letras — Universidade de Lisboa, 2013, p. 240. Tese (Doutorado em História).
19. Neill Lochery, *Lisboa, 1939-1945: Guerra nas sombras*. Rio de Janeiro: Rocco, 2011, p. 28.
20. Daniel Melo, op. cit., p. 222.
21. Fernando Rosas, *Salazar e o poder: A arte de saber durar*. São Paulo: Tinta da China, 2012, p. 323.
22. Ibid., pp. 324-5.
23. Ibid.
24. Eduardo Lourenço, *Do colonialismo como nosso impensado*. Lisboa: Gradiva, 2016, p. 24.
25. Valentim Alexandre, *O roubo das almas: Salazar, a Igreja e os totalitarismos (1930-1939)*. Alfragide: Dom Quixote, 2006, p. 19.

26. O pai da psicanálise morreria em Londres semanas após o início da guerra, no dia 23 de setembro de 1939.
27. Nuno Rosmaninho, "António Ferro e a propaganda nacional antimoderna". In: Luís Reis Torgal, Heloísa Paulo, *Estados autoritários e totalitários e suas representações*. Coimbra: Imprensa da Universidade de Coimbra, 2008, p. 294.
28. Ibid., p. 293.
29. Ibid.
30. Oswald de Andrade, *Serafim Ponte Grande*. São Paulo: Globo, 2005, pp. 37-9.
31. Nuno Rosmaninho, op. cit., p. 296.
32. Ibid., p. 295.
33. Edvaldo Bergamo, *Ficção e convicção*. São Paulo: Ed. Unesp, 2008.
34. Apud Tania Martuscelli, op. cit., p. 131.
35. Oswald de Andrade, *Telefonema*. Rio de Janeiro: Civilização Brasileira, 1976, p. 86.
36. Oswald de Andrade, *Do Pau-Brasil à Antropofagia e às utopias*. Rio de Janeiro: Civilização Brasileira, 1970, p. 157.
37. Eduardo Lourenço, *O labirinto da saudade*. Lisboa: Gradiva, 2015, p. 25.
38. Ibid., pp. 25-6.
39. Oswald de Andrade, *Do Pau-Brasil à Antropofagia e às utopias*, op. cit., p. 41.
40. Oswald de Andrade, "O livro *Marco zero*". *O Diabo*, Lisboa, 14 out. 1939, p. 8.
41. Ibid.
42. Id., *Os dentes do dragão*. São Paulo: Globo, 2009, p. 406.
43. Id., *Um homem sem profissão*. São Paulo: Globo, 1990, p. 56.
44. Id., *Ponta de lança*. Rio de Janeiro: Civilização Brasileira, 1971, p. 68.
45. "É verdade que a época não se prestava a risos", defenderia Eduardo Lourenço no artigo "A ficção dos anos 40", publicado em 1982.
46. Oswald de Andrade, *Diário confessional*. São Paulo: Companhia das Letras, 2022, p. 48.

6. Um homem impressionado [pp. 109-16]

1. João Carlos Pecci, *Vinicius: Sem ponto-final*. São Paulo: Saraiva, 1994, p. 194.

Uma gargalhada trágica [pp. 117-20]

1. Willy Levin, "A Revolução Melancólica". *Leitura*, Rio de Janeiro, nov. 1943, p. 36.
2. Roger Bastide, "Recortes". *Vamos Ler!*, Rio de Janeiro, 16 dez. 1943, p. 19.
3. Álvaro Gonçalves, "*Marco zero*". *A Noite*, Rio de Janeiro, 5 dez. 1943, p. 2.

Referências bibliográficas

ADORNO, Theodor W. *Letters to His Parents: 1939-1951*. Cambridge: Polity, 2006.

AGUIAR, Josélia. *Jorge Amado: Uma biografia*. São Paulo: Todavia, 2019.

AGUIAR, Ronaldo Conde. *Almanaque da rádio*. Rio de Janeiro: Casa da Palavra, 2007.

ALCÂNTARA, Nenê. "O lugar preferido". *Diário Carioca*, Rio de Janeiro, p. 46, 18 ago. 1937.

ALEXANDRE, Valentim. *O roubo das almas: Salazar, a Igreja e os totalitarismos (1930-1939)*. Alfragide: Dom Quixote, 2006.

AMADO, Genolino. "A insônia internacional". *O Jornal*, Rio de Janeiro, 18 set. 1938.

AMADO, Jorge. *O cavaleiro da esperança*. Rio de Janeiro: Record, 1979.

_____. *Cacau*. São Paulo: Companhia das Letras, 2010.

AMARAL, Aracy A. *Blaise Cendrars no Brasil e os modernistas*. São Paulo: Ed. 34, 1997.

_____. *Tarsila, sua obra e seu tempo*. São Paulo: Ed. 34; Edusp, 2003.

ANDRADE, Gênese. "Amizade em mosaico: A correspondência de Oswald e Mário de Andrade". *Teresa*, São Paulo, v. 8, n. 9, pp. 161-88, 2008.

ANDRADE, Mário de. "O movimento modernista". In: ____. *Aspectos da literatura brasileira*. São Paulo: Martins, 1972.

ANDRADE, Oswald de. "Hora H". In: _____. *Estética e política*. São Paulo: Globo, 1991.

_____. *A escada*. São Paulo: Globo, 1991.

_____. *A estrela de absinto*. São Paulo: Globo, 1991.

_____. *A morta*. São Paulo: Globo, 1991.

_____. *A utopia antropofágica*. São Paulo: Globo, 1990

_____. *A utopia antropofágica*. São Paulo: Globo, 2011.

_____. *Alma*. São Paulo: Globo, 1990.

_____. *Diário confessional*. São Paulo: Companhia das Letras, 2022.

_____. *Dicionário de bolso*. São Paulo: Globo, 1990.

_____. *Do Pau-Brasil à Antropofagia e às utopias*. Rio de Janeiro: Civilização Brasileira, 1970.

_____. *Estética e política*. São Paulo: Globo, 1991.

_____. *Feira das sextas*. São Paulo: Globo, 2000.

_____. *Marco zero I: A revolução melancólica*. São Paulo: Globo, 1991.

_____. *Marco zero I: A revolução melancólica*. São Paulo: Globo, 2000.

_____. *Marco zero II: Chão*. São Paulo: Globo, 1991.

_____. *Marco zero II: Chão*. São Paulo: Globo, 2000.

_____. *Memórias sentimentais de João Miramar*. São Paulo: Globo, 1990.

_____. *Mon Couer balance/ Leur Âme*. São Paulo: Globo, 1991.

_____. *O homem e o cavalo*. In: _____. *Teatro: A morta, O rei da vela, O homem e o cavalo*. Rio de Janeiro: Civilização Brasileira, 1973.

_____. *O homem e o cavalo*. São Paulo: Globo, 1990.

_____. *O perfeito cozinheiro das almas deste mundo*. São Paulo: Globo, 1992.

_____. *O rei da vela*. São Paulo: Globo, 1990.

_____. *O santeiro do mangue e outros poemas*. São Paulo: Globo, 1991.

_____. *Os condenados*. São Paulo: Globo, 2000.

_____. *Os dentes do dragão*. São Paulo: Globo, 1990.

_____. *Os dentes do dragão*. São Paulo: Globo, 2009.

_____. *Obra incompleta*. São Paulo: Edusp, 2021.

_____. *Panorama do fascismo, O homem e o cavalo, A morta*. São Paulo: Globo, 2000.

_____. *Pau-Brasil*. São Paulo: Globo, 1990.

_____. *Ponta de lança*. Rio de Janeiro: Civilização Brasileira, 1971.

_____. *Ponta de lança*. São Paulo: Globo, 1991.

_____. *Primeiro caderno do aluno de poesia Oswald de Andrade*. São Paulo: Globo, 1991.

_____. *Serafim Ponte Grande*. São Paulo: Globo, 2005.

_____. *Telefonema*. Rio de Janeiro: Civilização Brasileira, 1976.

_____. *Telefonema*. São Paulo: Globo, 1996.

_____. *Telefonema*. São Paulo: Globo, 2000.

_____. *Um homem sem profissão: Sob as ordens de mamãe*. São Paulo: Globo, 1990.

ANDRADE FILHO, Oswald de. *Dia seguinte & outros dias*. São Paulo: Códex, 2004.

ANJOS, Maria Cristina de Carvalho dos. *O turismo no eixo costeiro Estoril-Cascais (1929-1939)*. Lisboa: Faculdade de Letras — Universidade de Lisboa, 2013. Tese (Doutorado em História).

ANUÁRIO Brasileiro de Literatura — 1940. Rio de Janeiro: Pongetti, 1940.

AQUINO, Zilda Gaspar Oliveira de; LOTTI, Ana Luisa Feiteiro Cavalari. "Argumentação nos manifestos: Nhengaçu Verde Amarelo e Poesia Pau-Brasil". *Todas as Letras*, São Paulo, v. 18, n. 1, pp. 128-40, jan./abr. 2016.

ARAÚJO, Norberto de. *Peregrinações em Lisboa: Livros VII, IX, XI, XII e XIV*. Lisboa: Vega, 1993.

ARENDT, Hannah. *Origens do totalitarismo*. Trad. de Roberto Raposo. São Paulo: Companhia das Letras, 2018.

BARBOSA, Thiago de Melo. "Oswald e Mário: Uma guerra revista e ampliada por Haroldo de Campos". *Em Tese*, Belo Horizonte, v. 25, n. 2, pp. 153-210, ago. 2019.

BARBOSA FILHO, André. "Paulicéia radiofônica: Gêneros e formatos". In: MELO, José Marques de; ADAMI, Antonio (Orgs.). *São Paulo na idade mídia*. São Paulo: Arte e Ciência, 2004.

BARRETO, José. "Mussolini é um louco: Uma entrevista desconhecida de Fernando Pessoa com um antifascista italiano". *Pessoa Plural*, Lisboa, v. 1, pp. 226-52, set. 2012.

BEAUVOIR, Simone de. *A força da idade*. Trad. de Sérgio Milliet. Rio de Janeiro: Nova Fronteira, 2010.

_____. *Journal de guerre*. Paris: Gallimard, 1990.

BENAMOU, Catherine L. *It's All True*. Los Angeles: UCLA Press, 2007.

BERGAMO, Edvaldo. *Ficção e convicção*. São Paulo: Ed. Unesp, 2008.

"BISOGNA non copiare". *O Homem do Povo*, São Paulo, p. 3, 28 mar. 1931.

BOAVENTURA, Maria Eugênia. *Movimento brasileiro: Contribuição ao estudo do modernismo*. São Paulo: Conselho Estadual de Cultura, 1978.

_____. *O salão e a selva*. Campinas: Ed. da Unicamp, 1995.

_____ (Org.). *Remate de Males*. Campinas, Ed. da Unicamp, n. 6, 1986.

_____ (Org.). *22 por 22: A Semana de Arte Moderna vista pelos seus contemporâneos*. São Paulo: Edusp, 2000.

BOES, Tobias. *Thomas Mann's War*. Londres: Cornell University Press, 2019.

BOPP, Raul. *Vida e morte da Antropofagia*. Rio de Janeiro: Civilização Brasileira, 1977.

BORBA, Osório. "A casa de pen... são". *O Jornal*, Rio de Janeiro, 21 maio 1939.

_____. "De novo na pensão Souza". *O Jornal*, Rio de Janeiro, 16 jul. 1939.

BOSI, Alfredo. *História concisa da literatura brasileira*. São Paulo: Cultrix, 1994.

BOTA, Leonardo Augusto. "Quando o carnaval carioca devorou o Rei da Vela". In: XV Encontro Abralic, 2016, Rio de Janeiro. *Anais do XV Encontro Abralic*. Rio de Janeiro: Uerj, 2016. pp. 5046-55.

BRAGA-PINTO, César. "Ordem e tradição: A conversão regionalista de José Lins do Rego". *Revista IEB*, São Paulo, n. 52, pp. 13-42, mar. 2011.

BRECHT, Bertolt. *Diário de trabalho, v. 1: 1938-1941*. Trad. de Ronaldo Guarany e José Laurenio de Melo. Rio de Janeiro: Rocco, 2002.

_____. *Journals 1934-1955*. Nova York: Routledge, 1996.

BRITO, Mário da Silva. *As metamorfoses de Oswald de Andrade*. São Paulo: Conselho Estadual de Cultura, 1972.

_____. *Ângulo e horizonte: De Oswald de Andrade à ficção científica*. São Paulo: Martins, 1969.

BROWNING, Christopher R. *The Origins of the Final Solution*. Lincoln: University of Nebraska Press, 2004.

BUCHHEIM, Christoph; SCHERNER, Jonas. "The Role of Private in the Nazi Economy: The Case of Industry". *The Journal of Economy History*, Nova York, v. 66, n. 2, pp. 390-416, jun. 2006.

BUSCH, Robert L. "Gladkov's Cement: The Making of a Soviet Classic". *The Slavic and East European Journal*, Los Angeles, v. 22, n. 3, pp. 348-61, 1978.

CALIL, Carlos Augusto; MACHADO, Maria Teresa (Orgs.). *Paulo Emilio: Um intelectual na linha de frente*. São Paulo: Brasiliense, 1986.

CALIL, Gilberto Grassi. "Plínio Salgado em Portugal (1939-1946): Um exílio bastante peculiar". In: XXVI Simpósio Nacional de História — Anpuh, 2011, São Paulo. *Anais do XXVI Simpósio Nacional de História — Anpuh*. São Paulo: Anpuh, 2011.

CAMPOS, Augusto de. "Notícia impopular de *O Homem do Povo*". In: ANDRADE, Oswald de; GALVÃO, Patrícia (Pagu). *O Homem do Povo*. São Paulo: Imprensa Oficial, 2009.

CAMPOS, Haroldo de. "Breve antologia de Bertolt Brecht". *Tempo Brasileiro*, Rio de Janeiro, ano IV, n. 9/10, jun. 1966.

CAMUS, Albert. *A guerra começou, onde está a guerra?*. Trad. de Raphael Araújo e Samara Geske. São Paulo: Hedra, 2014.

CANDIDO, Antonio. "Estouro e libertação". In: _____. *Brigada ligeira*. Rio de Janeiro: Ouro sobre Azul, 2004.

_____. *A educação pela noite*. Rio de Janeiro: Ouro sobre Azul, 2017.

_____. *Formação da literatura brasileira: Momentos decisivos*. Rio de Janeiro: Ouro sobre Azul, 2007.

_____. *Literatura e sociedade*. Rio de Janeiro: Ouro sobre Azul, 2008.

_____. *O discurso e a cidade*. Rio de Janeiro: Ouro sobre Azul, 2004.

_____. *O observador literário*. Rio de Janeiro: Ouro sobre Azul, 2004.

_____. *Recortes*. Rio de Janeiro: Ouro sobre Azul, 2004.

CANETTI, Elias. *Massa e poder*. Trad. de Sergio Tellaroli. São Paulo: Companhia das Letras, 2013.

CARDOSO, Rafael. *Modernidade em preto e branco*. São Paulo: Companhia das Letras, 2022.

CARRERI, Marcio Luiz. "Oswald de Andrade e o PCB na década de 1930: Moderno, modernidade e diálogo social". In: XXVII Simpósio Nacional de História — Anpuh, Natal, 2013. *Anais do XXVII Simpósio Nacional de História*. Natal: Anpuh, 2013.

_____. *O socialismo de Oswald de Andrade*. Curitiba: CRV, 2017.

CARTER, D. Zachary. *The Price of Peace: Money, Democracy and the Life of John Maynard Keynes*. Nova York: Random House, 2020.

CARVALHO, Eduardo Rodrigues de. *Anais do município de Lisboa — ano de 1939*. Lisboa: Câmara Municipal de Lisboa, 1940.

CARVALHO, Viviane Batista. "As influências do pensamento de John Dewey no cenário educacional brasileiro". *Redescrições*, Rio de Janeiro, ano 3, n. 1, pp. 58-77, 2011.

CASSIMIRO, Paulo Henrique Paschoeto. "A revolução conservadora no Brasil: Nacionalismo, autoritarismo e fascismo no pensamento político brasileiro dos anos 30". *Revista Política Hoje*, Recife, v. 27, pp. 138--61, 2018.

CASTELLO, José. *O poeta da paixão*. São Paulo: Companhia das Letras, 1994.

CASTRO, Moacir Werneck de. *Mário de Andrade: Exílio no Rio*. Rio de Janeiro: Rocco, 1989.

CASTRO, Ruy. *Carmen*. São Paulo: Companhia das Letras, 2005.

CEPPAS, Filipe. "Afinidades entre os outsiders Walter Benjamin e Oswald de Andrade". *Cadernos Walter Benjamin*, Fortaleza, v. 20, jan./jun. 2018.

CHALMERS, Vera. *3 linhas e 4 verdades*. São Paulo: Duas Cidades, 1976.

CHAVES, Vania Pinheiro; MONTEIRO, Patrícia. *100 anos de Jorge Amado: O escritor, Portugal e o Neorrealismo*. Lisboa: Clepul, 2018.

"CHEGA hoje ao Rio o *Itália*". *Jornal do Brasil*, Rio de Janeiro, 3 abr. 1924.

CHRISTIE, Ian; TAYLOR, Richard (Orgs.). *Eisenstein Rediscovered*. Londres: Routledge, 2005.

CLARK, Katerina. *The Soviet Novel: History as Ritual*. Chicago: University of Chicago Press, 1981.

COLLOR, Lindolfo. *Europa 1939*. Porto Alegre: Fundação Paulo do Couto e Silva, 1989.

_____. *Sinais dos tempos*. Porto Alegre: Fundação Paulo do Couto e Silva, 1991.

CONSTANTINO, Antonio. *A casa sobre areia*. Rio de Janeiro: José Olympio, 1939.

COSTA, Tiago Leite. *O perfeito cozinheiro das teorias deste mundo: Ensaios de Oswald de Andrade (1945-54)*. Rio de Janeiro: Departamento de Letras--PUC-Rio, 2013. Tese (Doutorado em Letras).

CUNHA, Valdeci da Silva. *Oswald de Andrade: Da deglutição antropofágica à revolução comunista (1923-1937)*. Belo Horizonte: PPGH-UFMG, 2012. Dissertação (Mestrado em História).

_____; VAZ, Matheus Machado. "Oswald de Andrade e Plínio Salgado: Dois olhares sobre o passado brasileiro". *Revista Eletrônica de Ciências Humanas, Letras e Artes*, Uberlândia, v. 1, pp. 30-43, 2009.

CURY, José João. *O teatro de Oswald de Andrade*. São Paulo: Annablume, 2003.

D'ALKMIN, Maria Antonieta; ANDRADE, Oswald de. *Marco zero: Homenagem aos 60 anos de Marco zero*. São Paulo: Edusp, 2003.

DIAS, Marina Tavares. *Lisboa nos anos 40*. Lisboa: Quimera, 2005.

D'ONOFRIO, Silvio Cesar Tamaso. *O Grupo da Baruel e a intelectualidade paulista dos anos 1940*. São Paulo: PPGHS-USP, 2017. Tese (Doutorado em História).

DOREA, Augusta Garcia. *O romance modernista de Plínio Salgado*. São Paulo: Ibrasa, 1978.

DUTRA, Isadora. "Domingo no Neo-Realismo português". *Letras*, Santa Maria, n. 53, pp. 153-65, dez. 2016.

EHRENBURG, Ilya. *As aventuras de Julio Jurenito*. Trad. de Mauro Rosalvo. Rio de Janeiro: Civilização Brasileira, 1980.

EHRENBURG, Ilya. *Memórias: A Europa sob o nazismo.* Trad. de Dalton Boechat. Rio de Janeiro: Civilização Brasileira, 1966. v. 4.

EISENSTEIN, Sergei. *Towards a Theory of Montage.* Londres: I. B. Tauris, 2010.
_____. *Writings, 1922-1934.* Londres: BFI, 1988.

ELIADE, Mircea. *The Portugal Journal.* Albany: Suny Press, 2010.

ESSLIN, Martin. *Brecht: Dos males, o menor.* Trad. de Barbara Heliodora. Rio de Janeiro: Zahar, 1979.

FARHAT, Emílio. *Cangerão.* Rio de Janeiro: José Olympio, 1939.

FARIA, Daniel. "As meditações americanas de Keyserling: Um cosmopolitismo nas incertezas do tempo". *Varia Historia*, Belo Horizonte, v. 29, n. 51, pp. 905-23, set. 2013.

FERRARI, Danilo Wenseslau. *A atuação de Joel Silveira na imprensa carioca (1927-1944).* São Paulo: Ed. Unesp, 2012.

FERRAZ, Geraldo. *Depois de tudo.* São Paulo: Paz e Terra, 1983.

FERREIRA, Antonio Celso. *Um eldorado errante.* São Paulo: Ed. Unesp, 1996.

FERRO, António. *Salazar: O homem e a sua obra.* Lisboa: Empresa Nacional de Publicidade, 1933.

FIGES, Orlando. *Natasha's Dance.* Nova York: Picador, 2002.

FLANNER, Janet. *Paris era ontem (1925-1939).* Rio de Janeiro: José Olympio, 2006.

FONSECA, Maria Augusta. *Oswald de Andrade.* São Paulo: Globo, 2007.

FRANÇA, José-Augusto. *Lisboa: História física e moral.* Lisboa: Livros Horizonte, 2009.

FRANCK, Dan. *Paris libertária.* Trad. de Gustavo de Azambuja Feix. Porto Alegre: L&PM, 2017.

FRANZOLIN, João Arthur Ciciliato. *Joaquim Inojosa e o jornal Meio-Dia (1939-1942).* Assis: FCLA-Unesp, 2012. Dissertação (Mestrado em História).

FREITAS, Maria Teresa de. *Literatura e história.* São Paulo: Atual, 1986.

FREITAS, Nanci de. "*Debout les Rats*: Guerra e fascismo no mural alegórico de Oswald de Andrade". *Concinnitas*, Rio de Janeiro, v. 21, n. 38, pp. 261-79, maio 2020.

FREYRE, Gilberto. *Casa-grande & senzala.* São Paulo: Global, 2004.

FURTADO, Celso. *Ensaios sobre cultura e o Ministério da Cultura.* Rio de Janeiro: Contraponto, 2012.

GAIOTTO, Mateus América. *O PEN Clube do Brasil (1936-1954): A era Cláudio de Souza.* Assis: FCLA-Unesp, 2018. Dissertação (Mestrado em História).

GAULLE, Pierre de. *Carnet de guerre (1939-1945).* Paris: Desclée de Brouwer, 2007.

GLADKOV, Fyodor. *Cement.* Evanston: Northwestern University Press, 1980.

GOBBI, Márcia Valéria Zamboni; FERNANDES, Maria Lúcia Outeiro; JUNQUEIRA, Renata Soares. *Intelectuais portugueses e a cultura brasileira.* São Paulo: Ed. Unesp; Bauru: Edusc, 2002.

GODINHO, Paula. "Eles não sabem o custo da galé: Cultura popular, etnografia e resistência na obra de Alves Redol". In: _____; REDOL, António Mota. *Alves Redol: O olhar das ciências sociais*. Lisboa: Colibri, 2014. pp. 503-17.

GOMES, Paulo Emílio Sales. *Cinema e política*. São Paulo: Companhia das Letras, 2021.

GOMIDE, Bruno Barretto. *Da estepe à caatinga*. São Paulo: Edusp, 2011.

_____. *Dostoiévski na rua do Ouvidor*. São Paulo: Edusp, 2018.

GONÇALVES, Leandro Pereira. "A intelectualidade integralista: Nacionalismo e identidade na literatura de Plínio Salgado". *Locus*, Juiz de Fora, v. 15, n. 1, pp. 111-28, 2009.

GONÇALVES, Tânia Regina Peixoto da Silva; CALVANO, Flávia. "Um olhar geográfico sobre a indústria têxtil em território juiz-forano (1908-1920)". *CES Revista*, Juiz de Fora, v. 21, pp. 27-42, 2007.

GOULART, Silvana. *Sob a verdade oficial: Ideologia, propaganda e censura no Estado Novo*. São Paulo: Marco Zero, 1990.

GRAFFY, Julian. "Vsevolod Pudovkin: Classic Films of the Soviet Avant-Garde by Amy Sargeant". *The Slavonic and East European Review*, Londres, v. 80, n. 4, pp. 734-6, 2002.

GUIMARÃES, Hélio de Seixas; LEBENSZTAYN, Ieda. *Escritor por escritor: Machado de Assis segundo seus pares*. São Paulo: Imprensa Oficial, 2019.

GUIMARÃES JÚNIOR, Wagner Fredman. "A representação do povo em *Marco zero*, de Oswald de Andrade". *Recorte*, Três Corações, v. 15, n. 2, jul.-dez. 2018.

_____. "O nacional e o estrangeiro em *Marco zero*, de Oswald de Andrade". *Revista Investigações*, Recife, v. 32, n. 1, pp. 196-210, jul. 2019.

HEIDEGGER, Martin. *Ponderings VII-IX: Black Notebooks 1928-1949*. Bloomington: Indiana University Press, 2017.

HINTERHOFF, Carolina Fernandes. *A Tropicália e a Antropofagia a partir de O Rei da Vela*. Rio de Janeiro: Departamento de História-PUC-Rio, 2018. Monografia.

HOBSBAWM, Eric. *A era dos extremos*. Trad. de Marcos Santarrita. São Paulo: Companhia das Letras, 1994.

_____. *Como mudar o mundo*. Trad. de Donaldson M. Garschagen. São Paulo: Companhia das Letras, 2019.

HUGGES-HALLETT, Lucy. *Gabriele D'Annunzio: Poet, Seducer and Preacher of War*. Nova York: Alfred A. Knopf, 2013.

HUYLEBROUCK, Roza. "Recepção portuguesa de Maurice Maeterlinck: Achegas bio-bibliográficas". *Revista da Faculdade de Letras: Línguas e literaturas*, Porto, pp. 187-93, 1993.

INOJOSA, Joaquim. *O movimento modernista em Pernambuco*. Rio de Janeiro: Gráfica Tupy, 1968. v. 2.

JAMES, Caradog Vaughan. *Soviet Socialist Realism: Origins and Theory*. Londres: Macmillan, 1973.

JDANOV, Andrei. *Escritos*. [S.l.]: Nova Cultura, 2018.

KEYNES, John Maynard. *The Essential Keynes*. Nova York: Penguin, 2015.

KLUKOWSKI, Zygmunt. *Diary from the Years of Occupation (1939-44)*. Chicago: University of Illinois Press, 1993.

LAFETÁ, João Luiz. *1930: A crítica e o modernismo*. São Paulo: Ed. 34, 2000.

_____. *A dimensão da noite*. São Paulo: Duas Cidades; Ed. 34, 2004.

LARANJEIRA, Manuel. *Pessimismo nacional*. Guimarães: Opera Omnia, 2012.

LAURSEN, Eric. "A New Enigmatic Language: The Spontaneity-Consciouness Paradigm and the Case of Gladkov's Cement". *Slavic Review*, Los Angeles, v. 65, n. 1, pp. 66-89, 2006.

LIDDELL, Guy. *The Guy Liddell Diaries Volume I: 1939-1942*. Londres: Routledge, 2005.

LIMA, Bruna Della Torre de Carvalho. *Vanguarda do atraso ou atraso da vanguarda?: Oswald de Andrade e os teimosos destinos do Brasil*. São Paulo: Alameda, 2018.

LIMA, Maria Rosalete Pontes. *Festa e conflito: Visões do Brasil em Oswald de Andrade*. Fortaleza: Departamento de Ciências Sociais-UFC, 2007. Dissertação (Mestrado em Sociologia).

LINDGREN, Astrid. *O mundo que enlouqueceu: Os diários da guerra (1939-1945)*. Trad. de Fulvio Lubisco. São Paulo: Madras, 2018.

LINS, Álvaro. *História literária de Eça de Queiroz*. Rio de Janeiro: José Olympio, 1939.

LOCHERY, Neill. *Lisboa 1929-1945: Guerra nas sombras*. Trad. de Talita M. Rodrigues. Rio de Janeiro: Rocco, 2011.

LOPEZ, Telê Ancona. "Mário de Andrade cronista de São Paulo nos primórdios do Modernismo". *Remate de Males*, Campinas, v. 33, n. 1/2, pp. 51-89, dez. 2013.

LOURENÇO, Eduardo. *Do colonialismo como nosso impensado*. Lisboa: Gradiva, 2016.

_____. *O labirinto da saudade*. Lisboa: Gradiva, 2015.

LUCA, Tania Regina de. "O jornal literário *Dom Casmurro*: Nota de pesquisa". *Historiae*, Rio Grande, v. 2, n. 3, pp. 67-81, 2011.

MACHADO, Andréia Proença; SOUSA, Edson Luiz André de. "Oswald de Andrade: Poesia e psicanálise". *Polis e Psique*, Porto Alegre, v. 5, n. 3, pp. 119-34, 2015.

MAETERLINCK, Maurice. *A Maeterlinck Reader*. Nova York: Peter Lang, 2011.

MAGALDI, Sábato. *Teatro de ruptura: Oswald de Andrade*. São Paulo: Global, 2004.

MANN, Thomas. *Diaries 1918-1939*. Nova York: Harry N. Abrams, 1982.

_____. *Ouvintes alemães: Discursos contra Hitler*. Trad. de Antonio Carlos dos Santos e Renato Zwick. Rio de Janeiro: Zahar, 2009.

_____. *Travessia marítima com Dom Quixote: Ensaios sobre homens e artistas*. Trad. de Kristina Michahelles e Samuel Titan Jr. Rio de Janeiro: Zahar, 2002.

MARGATO, Izabel. "Notas sobre o Neo-Realismo português: Um desejo de transformação". *Via Atlântica*, São Paulo, n. 13, pp. 43-56, jun. 2008.

_____; GÓES, Breno. "Ferro arrependido: Um panorama da recepção de Eça de Queirós em 1945". *A Cor das Letras*, Feira de Santana, v. 20, n. 3, pp. 21-32, 2019.

MARTINHO, Francisco Carlos Palomanes; PINTO, António Costa (Orgs.). *O corporativismo em português*. Rio de Janeiro: Civilização Brasileira, 2007.

MARTUSCELLI, Tania. *(Des)conexões entre Portugal e Brasil*. Lisboa: Colibri, 2016.

MAUGHAM, Somerset. *Meu diário de guerra*. Trad. de Fernando Tude de Souza. Rio de Janeiro: Epasa, 1943.

MEIRELES, Cecília. *Viagem*. Rio de Janeiro: Nova Fronteira, 2006.

MELLO, Arnon de. *Portugal e as colónias da África*. Brasília: Senado Federal, 1964.

MELLO, Leda Collor de. *Retrato de Lindolfo Collor: Dados sobre sua vida e sua obra*. Rio de Janeiro: [s.n.], 1988.

MELO, Alfredo Cesar. "A outra América de Gilberto Freyre". *Revista USP*, São Paulo, n. 112, pp. 55-66, 2017.

MELO, Daniel. *Salazarismo e cultura popular (1933-1958)*. Lisboa: ICS, 2013.

MENEZES, Djacir. *Crítica social de Eça de Queiroz*. Fortaleza: Imprensa Universitária do Ceará, 1962.

MICELI, Sérgio. *Intelectuais e classe dirigente no Brasil (1920-1945)*. Rio de Janeiro: Difel, 1979.

_____. *Intelectuais à brasileira*. São Paulo: Companhia das Letras, 2001.

MISKOLCI, Richard. *Thomas Mann, o artista mestiço*. São Paulo: Annablume, 2003.

MONTEIRO, Casais. *Uma antologia*. São Paulo: Ed. Unesp, 2012.

MONTEIRO, Karla. *Samuel Wainer: O homem que estava lá*. São Paulo: Companhia das Letras, 2020.

MOORHOUSE, Roger. *O pacto do diabo: A aliança de Hitler com Stálin*. Trad. de Berilo Vargas. Rio de Janeiro: Objetiva, 2014.

MORAES, Marcos Antonio de. "Abrasileirar o Brasil: Arte e literatura na epistolografia de Mário de Andrade". *Caravelle, Arts d'Amérique latine: Marges et traverses*, Toulouse, n. 80, pp. 33-47, 2003.

MORAIS, Fernando. *Chatô, o rei do Brasil*. São Paulo: Companhia das Letras, 1994.

MORLEY, Nathan. *Radio Hitler: Nazi Airwaves in the Second World War*. Stroud: Amberley, 2021.

MURDOCH, Iris. *A Writer at War*. Nova York: Oxford, 2009.

NETO, Lira. *Getúlio: 1930-1945*. São Paulo: Companhia das Letras, 2017.

_____. *Getúlio: 1882-1930*. São Paulo: Companhia das Letras, 2020.

NEVES, José. "O comunismo mágico-científico de Alves Redol". *Etnográfica*, Lisboa, v. 11, pp. 91-114, maio 2007.

NOGUEIRA, António de Vasconcelos. "Werner Sombart (1863-1941): Apontamento biobibliográfico". *Análise Social*, Aveiro, v. 38, pp. 1125-51, 2004.

NUNES, Benedito. "A Antropofagia ao alcance de todos". In: ANDRADE, Oswald de. *A utopia antropofágica*. São Paulo: Globo, 1990.

OLIVEIRA, Giuseppe Roncalli Ponce Leon de. "O movimento modernista em Pernambuco: A correspondência entre Joaquim Inojosa e José Américo de Almeida (1966-1968)". *Imburana*, Natal, n. 6, pp. 71-84, dez. 2012.

ORNELAS, Rodrigo. "Oswald de Andrade, leitor de Nietzsche, Genealogia, catequese e antropofagia". *Cad. Nietzsche*, Guarulhos, v. 41, n. 3, pp. 220-34, dez. 2020.

ORWELL, George. *Diaries*. Nova York: Liveright, 2012.

_____. *Homenagem à Catalunha*. Trad. de Claudio Alves Marcondes. São Paulo: Companhia das Letras, 2021.

_____. *O que é fascismo? e outros ensaios*. Trad. de Paulo Geiger. São Paulo: Companhia das Letras, 2020.

OVERY, Richard. *1939: Contagem regressiva para a guerra*. Trad. de Vitor Paolozzi. Rio de Janeiro: Record, 2009.

PACHECO, Helder. *O Porto no tempo da guerra 1939-1945*. Porto: Afrontamento, 1998.

PADILHA, Leonardo Ayres. *Perscrutar o Hinterland: O pensamento modernista de Plínio Salgado*. Rio de Janeiro: Departamento de História-PUC-Rio, 2005. Dissertação (Mestrado em História).

PAGU. *Parque industrial*. São Paulo: Companhia das Letras, 2022.

PARANHOS, Adalberto. "Rasuras da história: Samba, trabalho e Estado Novo no ensino da história". *História Hoje*, São Paulo, v. 6, n. 11, pp. 7-30, 2017.

PECCI, João Carlos. *Vinicius: Sem ponto-final*. São Paulo: Saraiva, 1994.

PORTELA, Artur. *Salazarismo e artes plásticas*. Lisboa: Instituto de Cultura Portuguesa, 1987.

PRADO, Antonio Arnoni. *Itinerário de uma falsa vanguarda*. São Paulo: Ed. 34, 2010.

PRADO JR., Caio. *História econômica do Brasil*. São Paulo: Brasiliense, 1980.

PRIORE, Mary del; DARÓZ, Carlos (Orgs.). *A história do Brasil nas duas guerras mundiais*. São Paulo: Ed. Unesp, 2019.

QUEIROZ, Rachel de. *As três Marias*. Rio de Janeiro: José Olympio, 2017.

RAIMUNDO, Orlando. *António Ferro: O inventor do salazarismo*. Alfragide: Dom Quixote, 2015.

RAMALHO, Margarida de Magalhães. *Lisboa: Una ciudad en tiempos de guerra*. Lisboa: INCM, 2012.

REBELO, Marques. *A mudança*. Rio de Janeiro: José Olympio, 2012.

REDOL, Alves. *Gaibéus*. Lisboa: Caminho, 1993.

REED, John. *Dez dias que abalaram o mundo*. Trad. de Bernardo Ajzenberg. São Paulo: Companhia das Letras, 2010.

REIS, Daniel Aarão. *Luís Carlos Prestes: Um revolucionário entre dois mundos*. São Paulo: Companhia das Letras, 2014.

REVISTA de Antropofagia. São Paulo: Metal Leve; Companhia Lithographica Ypiranga, 1976.

RIBEIRO, Darcy. *Gentidades*. 2. ed. São Paulo: Global, 2017.

RIO DOCE, Cláudia Camardella. "Oswald de Andrade e o cinema". *Revista FronteiraZ*, São Paulo, n. 12, pp. 47-59, jun. 2014.

RIST, Charles. *Season of Infamy*. Bloomington: Indiana University Press, 2016.

ROSAS, Fernando. *Salazar e o poder: A arte de saber durar*. São Paulo: Tinta da China, 2015.

ROSMANINHO, Nuno. "António Ferro e a propaganda nacional antimoderna". In: TORGAL, Luís Reis; PAULO, Heloísa. *Estados autoritários e totalitários e suas representações*. Coimbra: Imprensa da Universidade de Coimbra, 2008.

SÁBER, Rogério Lobo. "Cecília Meireles: Uma travessia poética". *Revista Memento*, Três Corações, v. 2, n. 2, pp. 133-51, 2011.

SAINT-EXUPÉRY, Antoine de. *Écrits de guerre*. Paris: Gallimard, 2013.

SALGADO, Plínio. *Geografia sentimental*. Rio de Janeiro: José Olympio, 1937.

_____. *Nosso Brasil*. São Paulo: Secretaria de Estado da Cultura, 1981.

_____. *Obras completas*. São Paulo: Editora das Américas, 1955. v. 2.

SALINAS, Samuel Sérgio. *Antes da tormenta*. Campinas: Ed. da Unicamp, 1996.

SANTOS, Heloisa Occhiuze dos. "Ideário pedagógico municipalista de Anísio Teixeira". *Cadernos de Pesquisa*, São Paulo, n. 110, jul. 2000.

SANTOS, Pedro Brum. "Sociedade e estética no neo-realismo português". *Letras de Hoje*, Porto Alegre, v. 26, n. 1, pp. 93-104, mar. 1991.

SARGEANT, Amy. *Vsevolod Pudovkin: Classic Films of the Soviet Avant-Garde*. Londres: Tauris, 2001.

SAROLDI, Luiz Carlos; MOREIRA, Sonia Virginia. *Rádio Nacional: O Brasil em sintonia*. Rio de Janeiro: Funarte, 1984.

SARTRE, Jean-Paul. *Diário de uma guerra estranha*. Trad. de Aulyde Soares Rodrigues. Rio de Janeiro: Nova Fronteira, 2005.

SCHNEIDER, Alberto Luiz. "Iberismo e luso-tropicalismo na obra de Gilberto Freyre". *História da Historiografia*, Ouro Preto, n. 10, pp. 75-93, dez. 2012.

SCHWARTZ, A. Brad. *Broadcast Hysteria*. Nova York: Hill & Wang, 2015.

SCHWARZ, Roberto. *Que horas são?*. São Paulo: Companhia das Letras, 2006.

SEPIA, Jorge E. "Carnaval de rua no Rio de Janeiro: Afetos e participação política". *PragMATIZES*, Niterói, ano 6, n. 11, pp. 79-94, set. 2016.

SERGE, Victor. *Notebooks 1936-1947*. Nova York: NYRB Classics, 2012.

_____. *Anarchist Never Surrender: Essays, Polemics, and Correspondence on Anarchism*. Oakland: PM Press, 2015.

SILVA, Ana Maria Formoso Cardoso. "A dinâmica da criação de *Marco zero*, de Oswald de Andrade". *Anais do Seta*, Campinas, n. 4, pp. 16-29, 2010.

_____. *Marco zero de Oswald de Andrade: Uma proposta de romance mural*. Campinas: IEL-Unicamp, 2003. Dissertação (Mestrado em Teoria Literária).

SILVA, Hélio. *1939: Véspera de guerra*. Rio de Janeiro: Civilização Brasileira, 1972.

SILVA, Marcos Paulo da. *A representação da Segunda Guerra Mundial em um semanário do interior paulista: O Eco (1939-1944)*. Bauru: Faac-Unesp, 2007. Dissertação (Mestrado em Comunicação).

SILVA, Paula Juliana Lourenço dos Santos. *Narrar para si: Um estudo do romance O cavalo espantado, de Alves Redol*. Recife: PPGL-UFPE, 2018. Dissertação (Mestrado em Letras).

SILVA, Silvia Cortez. *Tempos de casa-grande (1930-1940)*. São Paulo: Perspectiva, 2010.

SILVA, Uenes Gomes Pereira Barbosa. "Um intrépido modernista". *Monções*, Campo Grande, v. 3, n. 4, pp. 48-61, 2015.

SILVEIRA, Joel; MORAES NETO, Geneton. *Hitler/Stalin: O pacto maldito*. Rio de Janeiro: Record, 1990.

SOARES, Lucila. *Rua do Ouvidor, 110*. Rio de Janeiro: José Olympio, 2006.

SOIHET, Rachel. *A subversão pelo riso*. Rio de Janeiro: Ed. FGV, 1993.

SOMBART, Werner. *El burgués*. Madri: Alianza, 1977.

SOUSA JUNIOR, Walter de. "As farsas de Piolin: Entre o grotesco e a contemporaneidade". *Teatro & Dança*, Salvador, v. 13, pp. 74-82, 2010.

STESSUK, Sílvio José. "Harold Bloom e Oswald de Andrade: Angústia da influência versus alegria antropofágica". In: XI Seminário SEPECH, jul. 2016, Londrina. *Anais do XI Seminário SEPECH*. São Paulo: Blucher, 2016. pp. 1497-505.

SÜSSEKIND, Flora. *Tal Brasil, qual romance?*. Rio de Janeiro: Achiamé, 1984.

SZALAY, Michael. *New Deal Modernism: American Literature and the Invention of the Welfare State*. Durham: Duke University Press, 2000.

TAYLOR, Frederick. *1939: A People's History. Londres*: Picador, 2019.

TÉRCIO, Jason. *Em busca da alma brasileira*. Rio de Janeiro: Estação Brasil, 2019.

THIOLLIER, René. *Episódios da minha vida*. São Paulo: Anhembi, 1956.

UNGARETTI, Giuseppe. *Razões de uma poesia*. São Paulo: Edusp, 1994.

VARGAS, Getúlio. *Diário*. São Paulo: Siciliano; FGV, 1995. v. 2.

VASCONCELLOS, Jorge. "Oswald de Andrade, filósofo da diferença". *Revista Periferia*, Rio de Janeiro, v. 3, n. 1, 2011.

VELASQUES, Muza Clara Chaves. *Homens de letras no Rio de Janeiro dos anos 30 e 40*. Niterói: ICHF-UFF, 2000. Tese (Doutorado em História Social).

VERGARA, Jorge. "Homofobia e efeminação na literatura brasileira: O caso Mário de Andrade". *Revista Vórtex*, Curitiba, v. 3, n. 2, pp. 98-106, 2015.

WELLES, Orson. *Hello Americans*. Londres: Random House, 2007.

WELLS, H. G. *Complete Works*. Londres: Delphi Classics, 2015.

WOOLF, Virginia. *Diários*. Trad. de Jorge Vaz de Carvalho. Lisboa: Relógio d'Água, 2018.

XAVIER, Lívio. "Quarenta anos de Antropofagia". *O Estado de S. Paulo*, São Paulo, 28 abr. 1968. Suplemento Literário.

© Mariano Marovatto, 2023

Todos os direitos desta edição reservados à Todavia.

Grafia atualizada segundo o Acordo Ortográfico da Língua Portuguesa de 1990, que entrou em vigor no Brasil em 2009.

capa
Celso Longo
imagem de capa
© Oswald de Andrade. Reprodução: Romulo Fialdini/ Tempo Composto. Arquivo do Instituto de Estudos Brasileiros USP — DRP040 — Oswald de Andrade: obra incompleta, código de referência: DRP040-114.
preparação
Cacilda Guerra
revisão
Huendel Viana
Tomoe Moroizumi

Dados Internacionais de Catalogação na Publicação (CIP)

Marovatto, Mariano (1982-)
A guerra invisível de Oswald de Andrade / Mariano Marovatto. — 1. ed. — São Paulo : Todavia, 2023.

ISBN 978-65-5692-450-2

1. Literatura brasileira. 2. Ensaio. 3. Guerra Mundial (1939-45). I. Andrade, Oswald de. II. Título.

CDD B869.4

Índice para catálogo sistemático:
1. Literatura brasileira : Ensaio B869.4

RBruna Heller — Bibliotecária — CRB 10/2348

todavia
Rua Luís Anhaia, 44
05433.020 São Paulo SP
T. 55 11. 3094 0500
www.todavialivros.com.br

fonte
Register*
papel
Pólen bold 90 g/m²
impressão
Geográfica